모바일 시대의 기획자를 위한 4가지 사고 전환

모바일 시대의 기획자를 위한 4가지 사고 전환

박준호 지음

SNS 시대,
당신을 제외한 모든 것이 바뀌었다

머리말

　제프 베조스는 1994년 서른의 나이에 차고를 개조한 사무실에서 '아마존'을 시작해, 100조 원이 넘는 기업으로 성장시켰다. 갓 20살을 넘긴 빌 게이츠와 폴 앨런은 여관방에서 '마이크로소프트'를, 마크 주커버그와 그의 친구들은 대학 기숙사에서 '페이스북'을 창업했다. 21살이었던 스티브 잡스와 26살 워즈니악도 차고에서 컴퓨터를 만들기 시작하면서 '애플'을 키워나갔다.

　위대한 IT 기업들 중에는 이렇듯 자본도 넉넉하지 않고, 프로페셔널하지 않은 청년 창업에서 시작된 경우가 많다. 새로운 1등은 언제나 기존의 룰을 깨고, 새로운 가치를 들고 등장했다. 그런 면에서 기존의 사업 규칙에 익숙한 프로페셔널들은 오히려 불리한 입장에 서 있다고 할 수 있다. 시장 판도가 모바일과 SNS로 급격히 바뀌고 있는 지금도, 새로운 1등이 나타날 때다. 그래서 던전앤파이터로 2,000억 원 이상을 번 것으로 알려진 허민 씨는 위메이크프라이스를 만들었고, NHN을 창업한 김범수 의장 역시 카카오톡으로 돌아왔다. 그 외 수많은 사람들이

IT 신사업 대열에 합류하고 있다. 하지만 상황은 녹녹치 않다. 청년 창업으로 만들어낸 서비스들이 고스란히 기존의 사업 규칙들을 따르고 있기 때문이다.

　국내 소셜커머스의 대표 주자인 티켓몬스터, 쿠팡, 위메이크프라이스의 전격적인 TV 광고는 IT 사업자들에게 씁쓸한 패배감을 안겨주었다. 적어도 IT 산업은 자본으로 밀어붙일 수 있는 시장이 아니라고 믿어왔기 때문이다. 월 거래액 300억 원에 매출이익 15억 원 수준인 그들은, 매월 30억 원이 넘는 돈을 매스미디어 광고에 쏟아붓고 있다. 이런 출혈 마케팅은 지속 가능할 수 없다. 분명, 사업 매각으로 마감될 것이다. 누군가에게 팔리지 않은 기업은, 수익 규모를 맞출 수 없어 대대적인 구조조정을 감행하거나 도산하게 될 것이다. 그때까지 소셜커머스 업체 간의 치킨게임(2대의 자동차가 서로를 향해 돌진하다 먼저 핸들을 돌려 피하는 사람이 지는 게임)은 계속될 것이다. 국내 소셜커머스들이 IT

사업으로 시작했지만, 이처럼 자본력으로 움직이는 투전으로 바뀌어 가고 있는 이유는, 경쟁사와의 차별점을 부각시킬 '인사이트 기획'이 부족하기 때문이다. 그래서 그들은 오래된 공동구매 모델에 반값이라는 가격 정책을 덧붙였을 뿐, 그 바깥으로 한걸음도 내딛지 못하고 있다. 티켓몬스터, 쿠팡, 위메이크프라이스 창업주들은 모두 20~30대지만, 새로운 가치를 담아내지 못했다. 그들은 이 책에서 다루고 있는 웹 2.0에서 SNS 시대로의 패러다임 전환이 의미하는 바를 이해하지 못하고 있다. SNS 마케팅과 플랫폼 전략도 파악하지 못했다. 소셜커머스만의 문제는 아니다. 스마트폰 열풍이 불자, 기업은 물론이고 지자체까지 어플리케이션 공모전을 개최하고 있다. 정부에서는 청년 실업 해소를 내걸고, 어플리케이션 중심의 청년 창업을 지원하고 있다. 소규모 창업이 가능하고, 가시적인 성과가 빠른 시간 안에 나올 수 있기 때문인데, 여기도 비슷한 문제가 나타난다. 새로운 시장(어플리케이션)에 청년들이(새로운 사람) 뛰어들었지만, 새로운 가치는 없었다.

내가 강의나 컨설팅을 하면서 만난 어플리케이션 개발자들에게 성공한 어플리케이션의 지표가 무엇이냐 물어보면 다들 같은 대답을 한다. 많은 사람들이 다운받고, 자주 실행하면 성공한 어플리케이션이라는 것이다. 카카오톡은 2,000만 명이 다운받고, 메시지 송수신을 위해 하루에도 몇 번씩 실행하는 어플리케이션이다. 그들 생각대로라면 성공했다고 할 수 있다. 하지만 나는 획기적인 전환이 없으면 카카오톡의 몰락은 시간 문제라고 생각한다. 카카오톡은 광고, 제휴, 커머스 매출이 아직 거의 없는 수준이다. 이대로라면 1억 명이 다운받아도 비슷한 수준일 것이다. 마이피플, 엠앤톡, 네이트온톡 등 경쟁사들의 서비스들도 기능 면에선 모두 카카오톡을 따라 잡은 지 오래다. 카카오톡이 우월한 점은 선점 효과밖에 안 남았다.

어플리케이션 사업의 목표는 다운로드 수, 실행 수라는 오래된 가치 외에 새로운 가치를 담고 있어야 한다. 바로 체류 시간이다. 그리고 사업 규모가 커감에 따라 어플리케이션 사업 전략도 바뀌어야 한다. 카카오톡은 규모에 상관없이 처음부터 지금까지 다운로드 수와 실행 수에만 집착했기 때문에 사업 범위가 협소해졌다. 싸이월드의 회원이 2,000만 명이었을 때 매출이 1,000억 원이었다. 이는 모바일과 PC의 차이에서 오는 게 아니라, 체류 시간과 규모에 따른 전략의 차이에서 오는 것이다.

새로운 서비스를 편리하고 신기한 기능의 조립체로 보면 안 된다. 새로운 서비스는 그 시대가 요구하는 새로운 가치를 구현한 것이어야 한다. 지금은 SNS와 모바일 시대로 규정될 수 있다. 나는 기업과 대학을 돌아다니면서 기획자, 개발자, 디자이너들에게 서비스 기획을 강의해왔다. 또 그들이 보내오는 수많은 기획서를 멘토링하면서 이 시대의 기획자들이 가지고 있는 기본적인 오류나, 트렌드에 뒤처지는 기획 방향을 가까이에서 접할 수 있었다. 이 책은 그들을 위해 쓰기 시작했다. 정보의 나열보다는 핵심적인 시장 트렌드를 파고드는 것에 중점을 두고 썼다. 모바일 시대의 기획자에게 꼭 필요한 새로운 통찰력(Insight)을 제공해 줄 것이다. 또한 이 책은 거대한 웹 생태계의 변화가 우리의 일상을 바꾸어놓고 있는 지금, 새로운 기준으로 세상을 읽고 판단하며 전망하고 싶은 모든 사람들을 위한 책이기도 하다.

그동안 자료 정리를 도와준 문경남, 권소연, 김동우, 나의 좋은 벗이자 멘토인 고광수, 류긍선, 이대형, 이익순 님, 그리고 내 모든 성장의 토양 '(주)다날'의 박성찬 회장님께 깊은 감사의 말씀을 전하고 싶다. 마지막으로 내 인생의 구원, 아내 재정과 아들 찬서에게 사랑을 전한다.

2011년 여름,
박준호

차례

머리말 SNS 시대, 당신을 제외한 모든 것이 바뀌었다 ········· 4

1장 세상을 지배한 Google의 종말

구글은 분명, 웹 세계의 최강자였다 ·················· 18
- 첨단의 기능, 낡은 습관이 되다 **18**
- 구글의 오답마저 베끼는 'Bing' **21**
- 구글을 세계 최고의 검색 엔진으로 만든, '페이지랭크' **22**

구글을 위협하는 새로운 강자가 나타나다 ·················· 27
- 차세대 구글이라 불리는 'Bit.ly' **27**
- 페이스북의 'Like' 버튼 이후, 모든 것이 바뀌기 시작했다 **32**

광고 시장을 점령한 구글의 한계 ·················· 38
- 광고 노출을 경멸하는 구글의 놀라운 광고 수익 **38**
- 사용자 추측에 노이즈가 발생하다 **44**
- SNS 광고 플랫폼의 강점 **45**
- 사람들은 자신이 타겟팅되는 것을 거부한다 **50**

구글의 문제는 기술이 아니라 철학이다 ········· 52
- 스트리트뷰 촬영이 싫다면, 이사가라? **52**
- 구글 침몰의 결정타, 개인정보 침해 **55**
- 많은 것을 묻지 않는 'SSO' 전략 **56**

사용자를 머물게 하지 못하면 끝이다 ········· 58
- 빠르고 정확하게 찾아주는 죽은 정보 **58**
- 체류 시간 전쟁 **59**
- 'Usability'보다 더 중요한 가치 **61**

Google 패러다임의 종료가 의미하는 것 ········· 63

> **Issue & Insight** 인터넷은 당신의 '정체성'까지 만들어낸다_'Filter Bubble' ··· **64**
> 소통과 민주주의에 대한 희망 | 같은 사이트를 방문했는데, 왜 다른 정보를 얻게 될까? | 개인화, 당신을 고립시키는 덫이 될 수도 있다

2장 SNS 시대, 리딩 상품을 만드는 전략

정보의 집적보다 '관계'에 주목하라 ········· 70
- 광고는 광고로 보여지길 원치 않는다 **70**
- 배너 광고에는 0.1초도 눈을 주지 않는 '배너맹' **72**
- 페이스북을 활용한 디젤의 프로모션 **74**
- 기업이 아닌, 사람에게 묻는다 **77**

SNS 마케팅의 3가지 핵심 전략 · 80
- 웹2.0 시대의 마케팅은 '디마케팅'이다 **80**
- 첫째, 사용자들에게 짜릿한 경험을 제공하라! **82**
- 둘째, 제품의 특성을 감춘 이슈를 기획하라! **87**
- 셋째, 중간 전파자를 스패머로 만들지 마라! **92**

전파력 강한 콘텐츠를 만드는 3가지 방법 · · · · · · · · · · · · · · · · · 95
- 리트윗 마케팅은 독이 될 수도 있다 **95**
- 첫째, 공익 활동으로 포장하기 **96**
- 둘째, 아마추어처럼 스토리텔링하기 **99**
- 셋째, 유용한 정보 속에 긍정성 담기 **101**

현재의 소셜커머스는 살아남을 수 없다 · · · · · · · · · · · · · · · · · 103
- 시장에 만연한 주체들의 불만족 **103**
- 소셜커머스가 해결해야 할 2가지 미션 **105**
- 오픈 소셜몰 사이트 만들기 **106**
- 고객의 외침을 들어라! **108**
- VIP 전파자는 VIP 고객과 같다 **109**
- 지속적인 관계 유지하기 **110**

새로운 SNS를 창조하는 2가지 아이디에이션 · · · · · · · · · · · · · 112
- 백워드 매핑 : 문제를 만들어서 해결하라 **112**
- 규칙 깨기 : 황당하지만 끌리는 이유 **114**

SNS, 정보보다 관계에 주목하라! · **119**

Issue & Insight SNS상에서 우리는 어디까지 공개할 수 있을까? ········ **120**
'1촌 공개'에 대한 지나친 신뢰 | 정보 공개의 한 극단, 'Blippy'와 'Swipely' |
SNS '정보 콘트롤'의 허상

3장 어플리케이션에 대해서 잘못 알고 있는 것들

어플리케이션에 대한 강박 버리기 ·················· **130**
- 적극적인 참여와 계속되는 실패 **130**
- 어플리케이션의 매력과 치명적 한계 **134**
- 모바일 웹이 주목받기 시작하다 **142**
- 'HTML5', 어플리케이션과 웹의 경계를 허물다 **146**

앱스토어 마켓의 3가지 시장 특성 ·················· **153**
- 꾸준히 잘 팔리는 어플리케이션 찾기 **153**
- 첫째, 넌게이머가 핵심 타깃인 이상한 게임 시장 **155**
- 둘째, 가격탄력성이 높아 신생 기업에게 유리한 시장 **158**
- 셋째, 초장기 스테디셀링과 마케팅 포인트 **159**

규모에 따른 어플리케이션 사업 전략 ·················· **162**
- 참패를 낳은 천편일률적 사업 전략 **162**
- 주말을 포기하겠다는 각오면 충분하다 : 1~5인 기업 **163**
- 외주 개발과 내부 아이디어를 분배하는 8:2 전략 : 10인 기업 **164**
- 원천 콘텐츠의 저작권을 확보하라 : 30인 기업 **167**

- 리폼&리퍼블리싱 전략 : 중소기업 **171**
- 어플리케이션 마켓 사업 : 중대기업 **174**

어플리케이션, 예정된 실패 피하기 ···································· **179**

Issue & Insight 공개된 자료를 활용해 새롭게 'Mash-Up'하라! ········· **180**
누구나 사용할 수 있는 'Open API' | 음악 취향을 좌표화시킨 최초의 서비스, 'Favmap' | Mash-Up, 새로운 서비스 기획의 가능성

4장 시장을 확대하는 '플랫폼'과 'B2B' 전략

제품 전쟁에서 플랫폼 전쟁으로 ····································· **192**
- 아이패드2, 정말 혁신 요소가 없었을까? **192**
- 플랫폼 전략, 사용자를 담는 거대한 그릇 **194**
- 창의적인 사람들이 접근할 수 있게 하라 **197**
- 플랫폼 전략의 진입 장벽 **199**

사용자 놀이 참여 플랫폼 ·· **202**
- 프린트 티셔츠의 천국, 'Threadless' **202**
- 이미지 검색은 어떻게 하는 걸까? 'Google image labeler' **204**

훈련과 검증 플랫폼 · 207
- 가장 저렴한 미용실 만들기 207
- 천재 프로그래머들의 경쟁을 통한 제품 생산, 'Top-Coder' 209

새로운 경험, UX 플랫폼 · 212
- 저작권 없는 전자잡지, 'Flipboard' 212
- 저작권 없는 이북 플랫폼이 가능할까? 216

B는 C보다 크다_B2B 전략 · 219
- 빼앗긴 만큼 되찾아오는 이통사들의 출혈 경쟁 219
- '킨들'이 보여준 시장 돌파구 222
- 기업을 고객으로 만드는 사례들 225
- 숨어 있는 거래량을 노려라! 227
- 사용자 이탈을 막는 '전환 비용'의 힘 228
- '디시전 메이커'를 설득하라 230

시장을 크게 보는 눈을 가져라! · 231

Issue & Insight 더 안전하게 창업하는 5가지 방법 · 232

첫째, 멤버십 : '인사이트 그룹'이 소수인 이유 | 둘째, 사업 아이디어 : 사실, 널린 게 아이디어다 | 셋째, 투자 유치 : Seed Capital 및 Series A | 넷째, 사무실 : 도움을 받되, 빨리 독립하라 | 다섯째, 타이밍 : 왜, 반드시, 지금 해야 하는가?

찾아보기 · 245

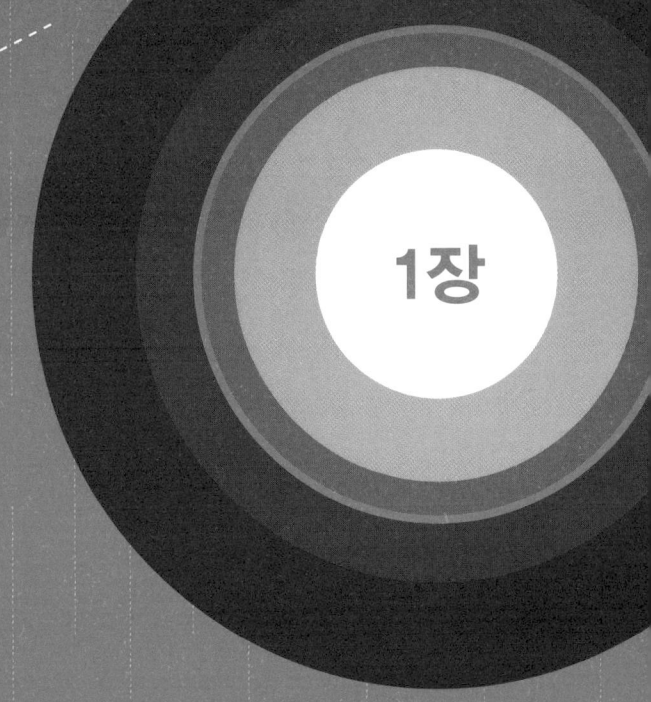

1장

세상을 지배한 Google의 종말

구글은 분명,
웹 세계의 최강자였다

첨단의 기능, 낡은 습관이 되다

웹2.0이 도래한 지 10년이 훌쩍 넘었다. 이전에는 인터넷상의 정보를 볼 수만 있었던 사용자들이 생산에 참여하면서 정보의 양이 급증했다. 그리고 정보의 바다에서 사용자가 원하는 정보를 정확히 찾아주는 검색 엔진이 인터넷 시장을 뒤흔들었다. 구글, 야후, 네이버 등이 대표적이다. 심지어 사용자들이 만들어 낸 정보로 서비스를 구성하는 사이트도 등장했고, 위키피디아, 지식in 등이 굉장한 인기를 얻었다. 쇼핑몰은 이용자들의 사용 후기와 구매평을 모으고, 온라인 서비스들은 검색 엔진에 잘 노출되도록 만들기 위해 다양한 검색 엔진 최적화 전략을 강구했다.

이제 스마트폰, 트위터, 페이스북을 시작으로 SNS 시대가 펼쳐지고 있다. 웹2.0에서의 중요한 가치와 전략들이 의미를 잃어가면서 제2의 IT 혁명이 일어나고 있는 것이다. 그런데도 많은 사람들이 구글과 네이버에서 정보를 찾고, 아마존과 Yes24에서 독자들의 서평을 읽으면서 낡은 가치를 붙잡고 있다. 강의나 컨설팅을 하면서 내가 만난 기획자들의 모습은 위험해 보이기까지 했다. 그들은 새로운 경쟁 시장을 어떻게 이해하고, 사용자에게 어떤 경험을 부여할 것이며, 서비스의 성장을 어떤 척도로 측량할 것인지에 대해 고민하지 않았다. 사업 기획을 할 때도 언제나 출발점은 '기능(button)'과 '어플리케이션(window)' 그리고 '수익 모델(BM)'에 대한 고민이었다. 그래서 그들의 기획은 어플리케이션, LBS(Location-Based Service), 소셜그래프, 실시간, 클라우드, AR(Augumented Reality) 등 가장 현대적인 것들을 담고 있음에도 불구하고 구태의연했다. 시장의 변화를 이해하지 못한 채 여전히 페이지뷰와 방문객 수(PV/UV),* 집적된 정보의 양, 사용성(Usability), 웹2.0 시대에 중요했던 '공유와 개방' 등의 가치에만 주목하고 있기 때문이다.

* PV는 Page View, UV는 Unique Visitor를 뜻한다. 어떤 사이트에 20명이 들어와 각각 10페이지씩 보고 나갔다면, 그 사이트의 UV는 20, PV는 200이 된다.

　구글에서 일한 젊은 인재들이 포스퀘어, 트위터, 길트, 그루폰 그리고 페이스북으로 이동하고 있다. 최근에 일어나고 있는 구글 검색 정확도의 급격한 하락과 페이스북의 급속한 성장은 한 기업의 전략 착오와 성공 스토리로 이해할 문제가 아니다. 거대한 패러다임의 변화 차

원에서 이해해야 한다. 위에서 언급한 PV, UV, 사용성 등의 가치는 구글 시대에 의미 있는 것들이었다. 이제는 구글 시대의 낡은 가치를 버리고, 새로운 시대에 적합한 가치와 인사이트를 가져야 한다. 모든 기획의 출발점에 이 새로운 가치와 인사이트가 놓여 있어야 한다.

먼저, 패러다임의 흐름을 이해하기 위해 우주를 삼킬 때까지 성장가도를 이어갈 것 같았던 구글이 어떤 강점으로 성장해왔고, 그 성장

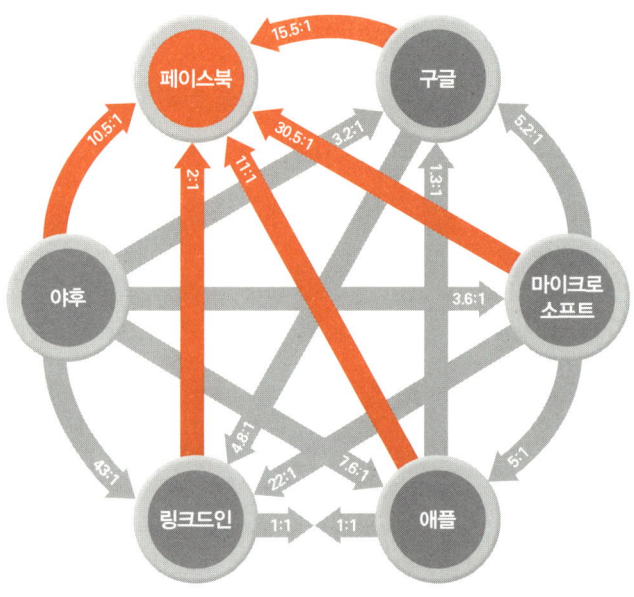

직원들의 이동 비율을 보여주는 인포그래프. 구글에서 페이스북으로 향하는 화살표 위의 숫자 15.5 : 1은 페이스북에서 구글로 1명이 이직할 때, 15.5명이 반대로 이동한다는 뜻이다. 인재 전쟁의 승자가 누구인지를 보여준다. 　　　　　　출처 : topprospect DATA LABS

동력이 왜 지금 그들의 성장 한계 요소가 되었는지를 살펴보자.

구글의 오답마저 베끼는 'Bing'

중학교 때, 만년 꼴찌 반이 1등 반으로 껑충 뛰어오른 일이 있었다. 2등 반과의 격차까지 커서 많은 학생들이 동참한 부정행위를 의심하게 했지만, 현장을 들키지 않았기 때문에 완전범죄로 끝나는 듯했다. 그러던 중 하루는 영어 선생님이 학생들의 답안지를 가지고 교실로 들어왔다. 그리고 시험 당일의 자리 배치에 맞춰 특정 구간의 답안을 학생별로 칠판에 적어나갔다. 이어서 특정 학생들을 하나둘 호명했는데, 처음엔 영문을 모르겠다는 학생들의 얼굴이 점점 어두워졌다. 급기야 어떤 학생은 실내화를 고쳐 신으며 나갈 준비를 했다. 사실 나는 성적이 눈에 띄게 상승한 친구들을 불러낸 거라고 생각했는데, 놀랍게도 그들 모두 부정행위에 가담한 게 맞았다.

그들을 적발한 결정적 단서는 '오답의 연속적 일치'였다. 하나뿐인 정답은 모두가 맞출 수 있지만, 다양한 오답을 연속적으로 똑같이 적어낼 확률은 대단히 낮았던 것이다.

최근 구글과 빙(Bing : 마이크로소프트에서 개발한 검색 엔진) 사이에서도 같은 일이 벌어졌다. 구글의 검색 알고리즘을 총괄하는 싱할(Amit

Singhal)은 한 검색 엔진 관련 행사에서 이렇게 말했다.

"우리가 테스트해보니 빙은 구글이 찾아낸 검색 결과를 베끼고 있었습니다."

선두 지도 제작사들은 종종 맵상에 거리를 허위로 올린다. 산이 있는 자리에 아파트를 빼곡히 그려넣는 식이다. 당연히 오답의 일치를 통한 카피캣을 적발하기 위해서다. 다른 업체의 맵상에 똑같은 오류 지형이 나타날 경우 카피했다는 객관적인 증거가 되는 것이다. 실제 구글은 'huybbprgag'와 같은 엉터리 단어에 대한 검색 결과를 만들어놓고, 일정 시간이 지난 후에 똑같은 검색 결과를 보여주는 빙을 확인했다. 싱할이 이 검색 결과를 대중적으로 시연하면서, 마이크로소프트가 그동안 약 110억 달러를 투자한 검색 엔진이 구글을 참조했다는 사실이 공개적으로 드러났다. 이는 구글의 검색 엔진이 세계 최강임을 경쟁사가 확인시켜준 꼴이었다.

구글을 세계 최고의 검색 엔진으로 만든 '페이지랭크'

검색 엔진은 온라인상의 엄청난 데이터 중에서 사용자가 원하는 데이터를 검색 결과 페이지의 최상단에 노출시켜야 한다. 그것이 바로 검색 정확도의 핵심이다. 구글이 세계 최강의 검색 엔진이 될 수 있었던 것은 어떤 알고리즘 때문이었을까?

페이지의 중요도를 판단하는 방법은 크게 3가지가 있다. 하나는 '키워드 밀집도' 방식이다. 초창기 검색 엔진들이 주로 의존했던 이 알고리즘은 사용자가 검색창에 '나가수'라고 입력했을 때, 검색어 관련 키워드가 빈번히 나오는 문서를 페이지 최상단에 위치시킨다. '임재범' '나가수 탈락자' '청중평가단' 등의 관련 키워드가 자주 언급된 문서일수록 연관도가 높다고 판단하는 것이다.

다른 하나는 방문자 수로 페이지의 중요도를 판단하는 'PV/UV 방식'이다. 이 알고리즘은 관련 키워드를 가진 수많은 페이지 중에서 사람들이 가장 많이 방문한 페이지를 최상단에 노출시킨다. 키워드 밀집도 방식이 문서 생산자 중심의 판단이었다면, PV/UV 방식은 사용자들의 정보 선택 패턴(선호도)이 크게 반영된다. 연관도와 중요도가 높더라도 사람들이 찾지 않는다면 중요하지 않다고 판단하는 것이다.

마지막으로, 구글을 세계 최고의 검색 엔진으로 만든 '페이지랭크(PageRank)' 방식이 있다. 이 알고리즘은 페이지 A에 페이지 B로 이어지는 링크(link)가 있을 때, A가 B에게 투표(vote)했다고 판단하고, 투표를 많이 받은 페이지를 정확도와 중요도가 높다고 인식한다. 이때 투표값을 차등적으로 부여함으로써 정보의 신뢰성을 높인다. 페이지 A에 비해 C의 중요도가 더 높다면, C의 투표값이 더 높게 부여되는 것이다. 복잡해보이는 이런 방식은 논문 평가 지표와 유사하다. 이름난 저널에 인용될수록 더 신뢰할 수 있는 논문이라고 판단하는 것과 같다.

페이지랭크 방식은 키워드 밀집도나 PV/UV 방식보다 검색 결과의 정확도가 훨씬 높다. 누군가 어떤 페이지를 방문했다는 사실만으로 그 페이지의 정확도 혹은 만족도에 한 표를 던졌다고 판단할 수 없기 때문이다. '이승기 열애 중 시인'이라는 헤드라인을 보고 클릭했는데, '이승기가 사랑한 사람은 바로 팬 여러분!'과 같은 내용의 낚시성 기사를 보게 되는 경우를 떠올리면 쉽게 알 수 있다. 또 검색 순위를 높이기 위해 키워드 밀집도 점수를 노리는 경우도 있다. 개발 교습학원이 '안드로이드'를 검색한 사용자의 눈에 띄기 위해 관련 키워드를 페이지 곳곳에 도배할 수 있는 것이다.

반면, 사용자가 자신의 블로그에 페이지 B로 가는 링크를 걸었다는 것은 페이지 B에 대한 신뢰와 만족도의 표현이라고 판단할 수 있다. 링크가 이러한 가치를 담고 있기 때문에 웹 생태계에서는 오랫동안 링크를 '웹 통화(web currency)'라고 불러왔다. 물론 검색 엔진이 하나의 알고리즘만 사용하는 것은 아니지만, 페이지랭크는 검색 정확도를 월등하게 끌어올림으로써 구글을 세계 최강의 검색 엔진으로 만들어주었다.

검색 엔진의 대표적인 3가지 알고리즘

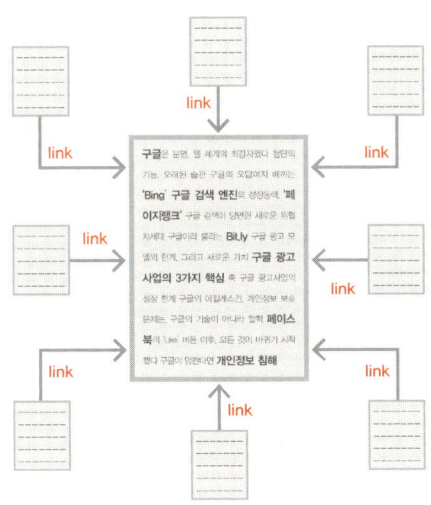

▲ 페이지 내의 키워드 밀집도

▲ 페이지를 방문하는 사람 수(PV/UV)

▲ 다른 페이지들의 투표(Pagerank)

최근, 구글 검색 정확도가 급격히 떨어지는 이유는 이 페이지랭크의 원활한 작동을 방해하는 웹 생태계의 변화가 일어나고 있기 때문이다.

구글을 위협하는
새로운 강자가 나타나다

차세대 구글이라 불리는 'Bit.ly'

웹서핑을 하다가 저장 및 공유하고 싶은 정보가 있을 때, 지금까지는 주로 URL 링크를 이용했다. 기사의 제목만 보여주고, 본문 내용으로 이동할 수 있는 주소값(URL)을 걸어놓는 것이다.

그런데 이러한 사용 패턴에 약간의 변화가 생겼다. 경향신문에서 읽은 어떤 기사를 친구에게 보내준다고 하자. URL을 봤더니 무려 84자에 달한다. 한 사이트가 가진 페이지 수가 기하급수적으로 늘고, 구조가 복잡해짐에 따라 URL이 점점 더 길어졌다.

긴 URL은 게시판에 노출할 때 불필요하게 많은 공간을 차지하는 것도 문제지만, 입력할 수 있는 문자가 140자로 제한되어 있는 트위터로

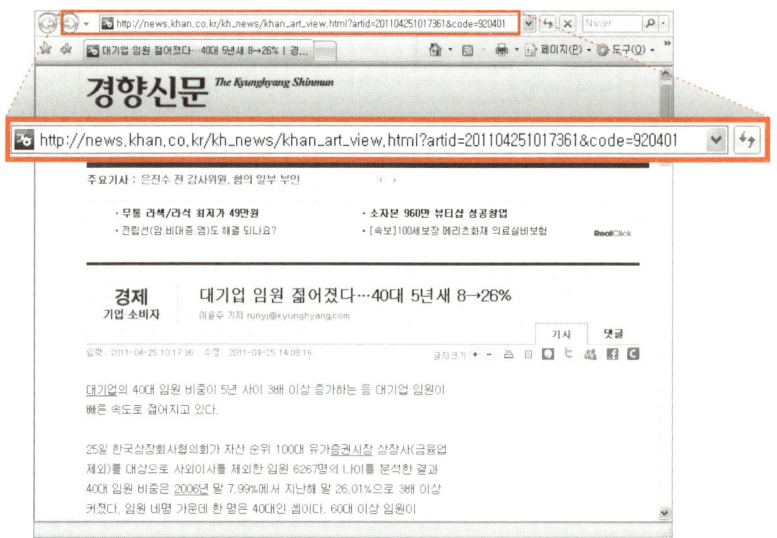

공유할 경우에는 절대적인 공간이 부족해진다. 정작 하고 싶은 말을 써야 하는 공간이 줄어드는 것이다.

이처럼 날로 길어지는 URL은 페이지를 기록하고 공유하는 데 점차 많은 자원을 요구하게 된다. 이에 따라 URL을 줄여주는 사이트가 등장하기 시작했는데, 가장 대표적인 것이 바로 '비틀리(Bit.ly)'다.

비틀리에 위 기사의 URL을 입력하면 20자(http://bit.ly/eVUBAa)로 줄어든 URL을 받을 수 있다. 당연히 줄어든 URL로 원래의 페이지에 접근할 수 있다. 비틀리는 2011년 3월 한 달 동안 10억 개가 넘는 URL을 줄였다. 이 중 상당 부분은 다양한 SNS를 통해 공유되면서 많은 사

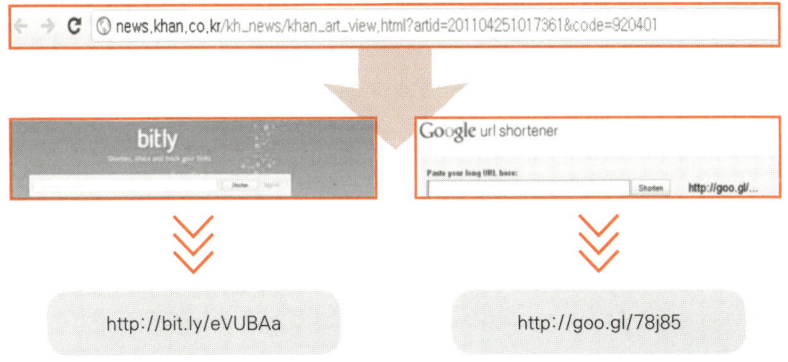

URL을 줄여주는 Bit.ly와 Goo.gl

람들의 클릭을 유도했고, bit.ly로 시작하는 URL을 본 사람들은 비틀리의 새로운 이용자가 되었다. 이렇게 해서 비틀리는 단기간에 사용자의 급속한 확대를 만들어낼 수 있었다.

구글과 트위터의 인수 제안을 거절한 비틀리는 최근 350만 달러의 펀드레이징에 성공하면서 1억 달러에 달하는 기업 가치를 평가받는 등 실리콘밸리의 관심을 한몸에 받고 있다. 구글은 같은 사업을 하는 'Goo.gl'을 오픈했으면서도, 여전히 비틀리 인수에 강한 의지를 가지고 있다. 이것은 비틀리가 단순히 URL을 줄여주는 사이트가 아님을 의미한다. URL 축약은 사용자 입장의 효용일 뿐, 기업의 비즈니스 모델은 전혀 다르게 굴러간다.

맥주에 절대적인 맛이 없듯 웹페이지의 정확도, 중요도, 연관도는 객관적 기준으로 책정할 수 없다. 웹을 이용하는 대중들의 선호와 판단에 따라 매 시기 페이지의 중요도가 변한다.

'여러분'이라는 노래를 검색했을 때, 2011년 5월 22일 전까지는 윤복희의 '여러분'이 나와야 했지만, 5월 22일 이후로는 임재범의 '여러분'이 검색 결과 최상단에 노출되어야 한다. '파생상품'이라는 검색어를 입력했을 때, 현재 사람들에게 많이 회자되는 상품이 FX마진투자라면 그것을 최상단에 노출해주어야 하고, 파생상품에 대한 피해가 커서 원금 보장이 이슈가 되고 있는 상황이라면 원금 보장 방법을 알려주는 페이지를 노출해야 한다. 이는 수작업으로 불가능하며 무수한 사람들의 웹상 행동 패턴을 집적하고 파악해야만 할 수 있다. 그렇기 때문에 검색 엔진은 사람들이 현재 주요하다고 생각하는 페이지들이 무엇인지를 알아야 한다. 사람들이 '여러분'이라는 키워드를 가진 수많은 페이지 중에서 현 시기 어떤 페이지를 주로 공유하고 방문하는지를 알아야 하는 것이다.

비틀리에서 줄인 URL은 바로 이러한 데이터를 모으는 강력한 창구가 된다.

먼저, URL 그 자체가 중요한 정보다. 누군가 URL을 줄이고자 한다는 것은 어떤 면에서든 해당 페이지가 유의미함을 의미한다. 많은 사람들이 쓸모없는 페이지를 위해 URL을 줄이는 수고를 하지는 않을 것이다. 이는 페이지랭크에서의 투표(link)와 유사한 위상을 갖는다. 사람들이 특정 페이지의 URL을 많이 줄인다는 객관적 자료는 최근 주목받는 게 무엇인지를 알려준다. 그리고 축약된 URL을 트위터나 페이스북 등을 통해 공유했을 때 얼마나 많은 사람들이 그 URL을 클릭하여 원본 페이지에 들어갔는지도 정확히 알 수 있다. 사용자들이 직접 원본 페이지의 URL을 링크하고 공유하던 때(Bit.ly 이전)를 조개껍데기를 주워 화폐로 이용하던 웹의 원시시대라 한다면, 지금은 새로운 웹 통화를 발행하는 비틀리라는 중앙은행이 설립된 것이다. 사람들은 원본 URL을 비틀리에 저금하고, 수표(축약된 URL)를 발급받아 거래(링크, 공유)한다.

게다가 비틀리는 누가 URL을 줄였는지, 또 트위터와 페이스북에서 어떤 계정의 사람들이 그 URL을 클릭했는지도 알 수 있다. 사용자들의 웹상 움직임을 누구보다 잘 파악하게 된 것이다. 구글이 단순해보이는 비틀리를 인수하려고 애쓰는 이유가 바로 여기에 있다. 비틀리가 차세대 구글이 될 거라고 예상하는 기사가 쏟아지는 이유도 마찬가지다.

Is Bit.ly The Next Google?

《Business Insider》, 2010년 4월 15일 기사

What Bit.ly Knows About The Realtime Web

《TechCrunch》, 2010년 5월 6일 기사

> Is Bit.ly Bigger Than Google?

《Newcommbiz》, 2011년 1월 20일 기사

사람들이 어떤 정보를 좋아하고, 어디에서 어디로 이동하는지에 대한 정보가 URL 축약 사이트에 집중되다 보니, 구글의 검색 정확도는 점차 대중의 필요에서 멀어질 수밖에 없다. 하지만 이보다 더 심각하게 구글의 검색 정확도를 급락시키는 문제가 있다. 바로 정보 주도권 문제다.

페이스북의 'Like' 버튼 이후, 모든 것이 바뀌기 시작했다

SNS상에서 사용자가 생산하는 정보는 생각보다 한정적이다. 대부분 개인적 감상과 활동을 중심으로 하는 콘텐츠다. 이렇게 대부분이 개인정보다 보니 필연적으로 폐쇄성을 갖는다. 비키니 사진이 포함된 여행 사진이나, 상사에 대한 불만, 파자마 파티 초대 등의 글이 SNS상에 올라올 수 있는 것도 지인 관계망에 올라탄 폐쇄성 덕분이다.*

> *이러한 폐쇄성은 사용자들의 정보 생산량을 극대화하기 위해서 필요하기도 하지만, 반대로 다소 개인적인 정보들이 집적될수록 그 콘텐츠에 접근하고 싶은 사람들이 늘어 사용자의 확대에도 기여하게 된다.

싸이월드와 페이스북의 정보들은 네이버나 구글에서 검색되지 않는다. 이러한 폐쇄적인 특성 때문에 아무리 거대한 SNS라 해도 그동안 웹 비즈니스에서 차지하는 비중은 극히 작았다. 전 국민이 사용하고 있는 싸이월드가 압도적인 규모에도 불구하고 국내 웹 시장에 미친 영향력이 크지 않았던 것도 같은 이유다. 또한, SNS가 아무리 매력적이라 해도 폐쇄적으로 갇혀 있게 되면 사람들은 바깥으로 나오고 싶어 한다. 페이스북의 창업자 마크 주커버그(Mark Zuckerberg)는 SNS가 가지는 이런 한계들을 누구보다 잘 알고 있었다. 그래서 2010년 4월 페이스북 개발자 포럼(FB Developer Conference)에서 'Like' 버튼을 발표했고, 그 뒤로 모든 것들이 바뀌기 시작했다.

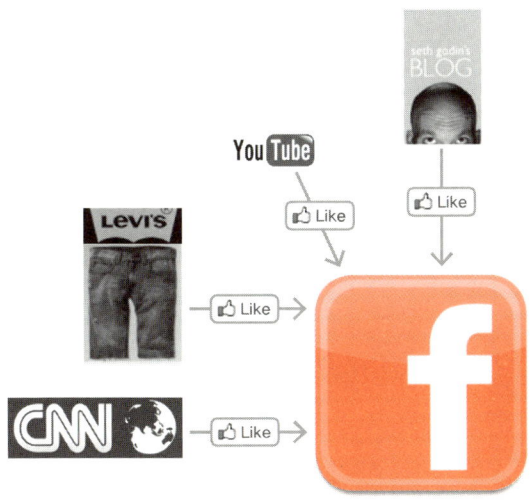

페이스북은 'Like' 버튼으로 자신의 폐쇄성을 지키는 동시에, 외부 정보를 손쉽게 흡수하고 있다.

사람들은 리바이스(LEVI'S) 온라인 매장에서 마음에 드는 상품을 만났을 때, 소위 '찜'의 의미로 페이스북의 Like 버튼을 클릭한다. 마케팅 구루 세스 고딘(Seth godin)의 블로그에서 의미 있는 조언을 발견했을 때도 '공감과 지지'의 의미로 Like 버튼을 클릭한다. 유튜브에서 재미있는 영상을 봤거나 CNN에 올라와 있는 그리스 청년 실업 데모대의 시위 장면을 봤을 때도 Like 버튼을 클릭한다. 페이스북 바깥세상에서 이루어지는 일들을 가벼운 클릭 하나로 자신의 페이스북 담벼락에 올릴 수 있는 것이다. 이렇게 올려진 정보는 페이스북 친구들에게 뉴스피드(News Feed) 형태로 노출된다. 이것을 본 친구가 댓글을 달거나 Like 버튼을 클릭하면, 다시 그 친구의 친구들에게 공유되는 식으로 확산된다.

Like 버튼은 이렇게 사용자가 무엇에 반응하는지에 대한 정보 집적을 넘어 강력한 확산 효과(Facebook Effect)도 얻게 된다. 현재 약 250만 개의 웹사이트가 페이스북의 Like 버튼을 달아 사용자로 하여금 그들의 'Likes'를 페이스북으로 보낼 수 있게 하고 있다.

보도에 따르면 하루 평균 1만 개의 웹사이트가 Like 버튼을 새로이 추가하고 있으며, 월 평균 2.5억 명의 사용자가 이 버튼을 직간접적으로 이용하고 있다. 페이스북은 계속해서 Like 버튼을 진화시켜나가고 있고, 미디어 사이트들은 그들의 콘텐츠를 페이스북을 통해 널리 전파하기 위해 이를 적극적으로 적용해가고 있다. 사실상 웹 생태계가 페이스북이 만든 새로운 규칙을 따르고 있는 셈이다.

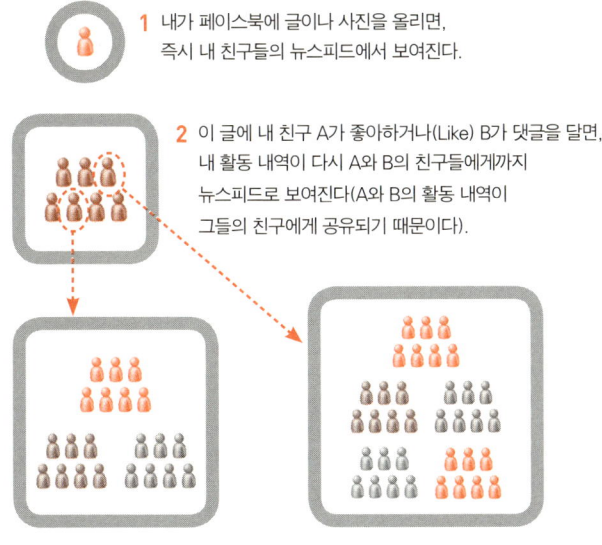

페이스북의 무서운 확산 모델은 뉴스피드에서 나온다

　이러한 움직임 속에서 구글은 어떤지 살펴보자. 웹상에서 정보를 공유하던 URL 링크 방식이 Like 버튼으로 대체되고 있다는 것은, 페이스북이 구글의 페이지랭크를 무력화시키고 있음을 의미한다. 게다가 페이지랭크의 무력화는 형식상의 문제일 뿐, 더 큰 문제는 근본적인 변화가 일어나고 있다는 점이다. 사적인 정보들을 친구들과 공유하기 위해 사용하던 폐쇄적인 SNS 페이스북이, Like 버튼 도입 이후 SNS 바깥세상의 정보를 마구 흡수하고 있다. 그리고 구글은 사람들이 무엇을 중요하게 생각하고 좋아하는지를 알려주는 이 정보들을 전혀 알지 못하고 있다. SNS의 폐쇄성 때문에 페이스북상의 정보가 구글에서 검색되지 않는 것이다. 그야말로 온라인 세상의 거대한 '정보 블랙홀'이 탄생했다고 할 수 있다.

또한 약 250만 개의 사이트에 퍼져 있는 Like 버튼은 인터넷 방문기록을 추적하는 강력한 도구로 사용되고 있다. 사용자가 해당 브라우저에서 지난 한 달 동안 한 번이라도 페이스북에 로그인한 적이 있다면 Like 버튼을 클릭하지 않아도 된다. 예를 들어, 3주 전에 당신이 자신의 PC에서 페이스북에 로그인했다면, 이후에 페이스북을 이용하지 않았다고 해도 당신의 행동 패턴이 페이스북에 저장된다. 오늘 당신이 은행 간 대출이자율 차이를 보여주는 페이지를 방문했다면, 그 페이지에 붙어 있는 Like 버튼이 당신이 이 페이지에 왔음을 자동으로 페이스북에 알리는 것이다. 마찬가지로 언제 가수 레이디 가가의 공식 홈페이지를 찾았는지, 리바이스 쇼핑몰에서 어떤 상품을 보았고 또 얼마나 오래 머물렀는지까지도 페이스북에 자동으로 알려진다. 7억 개에 달하는 페이스북 계정에 기반을 둔 사용자 데이터 추적인 것이다. 이것은 구글 시대의 쿠키에 비할 수 없는 것으로, 검색 정확도 향상을 위해 구글이 주목해왔던 사용자들의 웹상 행동 패턴의 집적에 대한 주도권이 철저하게 페이스북으로 넘어가고 있음을 증명한다.

나이키(Nike)의 경쟁 상대가 리복(Reebok)이 아니라 아이들이 운동할 시간을 빼앗는 닌텐도(Nintendo)였던 것처럼, 구글의 경쟁 상대는 보다 진화된 검색 알고리즘을 개발하려는 빙이나 야후가 아니다. 사용자들의 행동 패턴을 빠르게 집적해나가는 비틀리와 페이스북이다.

광고 시장을 점령한
구글의 한계

광고 노출을 경멸하는 구글의 놀라운 광고 수익

> 위대한 기업이 되기 위한 첫 번째 플랜은 금전적인 수익이 아니라 미션을 실천하는 것이다. 금전적인 수익은 그 결과일 뿐이다.

경영학의 대가 피터 드러커(Peter Drucker)의 말은 구글을 두고 한 말 같다. 구글의 두 창업자인 래리 페이지(Larry Page)와 세르게이 브린(Sergey Brin)은 최고의 검색 엔진을 만들어 검색량이 계속 증가한다면 수익은 당연히 뒤따라온다고 믿었다. 그래서 그들은 검색 결과에 광고가 노출되는 것을 경멸하고, 그것이 회사의 성장에도 도움이 안 된다고 생각했다. 구글의 미션은 오직 빠르고 정확한 검색 결과의 산출이었다.

검색 엔진이라면 당연한 목표라고 생각될 수 있겠지만, 우리가 흔히 사용하는 네이버는 다른 모습을 보인다.

국내 검색 시장의 70% 이상을 점유하고 있는 네이버에서 '안드로이드'를 검색해보자. 한 페이지를 가득 넘겨 총 15개의 안드로이드 관련 학원 광고가 보인다. 이 학원들은 검색 결과에 노출되기 위해 네이버에 매월 광고비를 지급한다. 네이버는 이렇게 광고를 찾아주거나 지식in, 카페, 블로그 등 네이버 내부의 콘텐츠를 보여주는 툴에 가깝다.

반면, 구글의 검색 결과는 판이하다. 광고물은 보이지 않고,* 안드로이드 프로젝트의 공식 페이지와 개발자 포럼 그리고 관련 뉴스가 보인다.

* 'Android'라고 영문으로 검색하면 광고가 보이지 않고, 국문 검색에서는 한 줄의 어플리케이션 광고가 보인다.

이렇게 보면 구글의 광고 수익은 그리 높지 않을 것으로 보인다. 하지만 연간 30조 원에 다다르는 구글의 매출 중 97%가 광고 수익에서 나온다. 검색 결과에 최대 세 줄까지만 광고를 넣고, 심지어 구글 첫 페이지에는 단 한 줄의 광고도 없이 검색어 입력창만 있는 구글이 어떻게 이런 막대한 광고 수익을 낼 수 있었던 걸까?

구글 광고 사업의 첫 번째 핵심은 '애드센스(AdSensce)'라는 광고 툴이다. 애드센스는 롱테일 광고 시장에서 광고주와 소규모 웹사이트를 연결해주는 자동화된 중계툴이다. 애드센스 이전에는 하루 방문객이

약 10만 명인 사이트에 광고를 다는 게 쉽지 않았다. 방문객 10만 명 중 0.2%**가 광고를 클릭하고 그중 5%가 긍정적인 영향을 받는다고 할 때, 이 사이트에 붙는 광고는 하루 10명, 1년으로 보면 4,000명에게도 영향을 미치지 못한다. 이를 위해 사이트 운영자와 광고 에이전트가 만나 회의를 진행하고 광고물을 결정 및 운영하는 일은 효용 가치가 매우 낮다. 그래서 타깃이 아주 명확한 사이트가 아니라면 하루 최소 50만 명은 방문해야 광고 시장에 명함을 내밀 수 있었다.

> ** 1994년, 처음으로 배너 광고가 웹서비스에 붙었을 때 CTR(Click Through Rate : 배너 클릭률)이 78%에 달했다. 배너의 개수도 지금보다 적었고, 배너를 클릭하는 것 외에 달리 행동할 수 있는 게 없었기 때문에 가능했을 것이다. 현재 웹서비스들의 평균 CTR은 0.2%로 추산되고 있다. 1,000번의 광고 노출 시 클릭 횟수는 불과 2번밖에 안 된다.

이렇게 광고 시장에서 버려진 페이지들이 많다 보니 이들의 트래픽 총량은 전체 웹 시장의 70% 이상을 차지했다. 구글은 여기서 새로운 롱테일 경제***를 발견했다. IT의 장기적 트렌드 중 하나가 자동화를 통한 중개인(middle man)의 제거인 만큼, 구글은 광고 시스템에서 세

> *** 세계적인 IT 매거진 〈와이어드(Wired)〉의 크리스 앤더슨(Chris Anderson) 편집장이 창시한 이론이다. 전체 시장에서 점유율이 매우 낮은 제품의 경우 비용 문제 때문에 판매대에 놓이지 못한다. 노출이 아예 안 되니 팔릴 가능성이 더 낮아져 그나마의 시장점유율조차 유지하지 못한다. 롱테일 경제는 온라인 시장이 들어서면서 급격하게 낮아진 전시 및 판매 비용 덕분에 점유율이 낮은 다수의 제품들(꼬리 상품들)이 노출되기 시작했고, 그에 따라 전체 시장에서 차지하는 비중도 커지는 것을 의미한다.

일즈맨, 예측, 협상, 운영이라는 고비용·저효율 구조를, 통계와 알고리즘으로 무장한 애드센스로 대체한 것이다. 구글 계정으로 애드센스 페이지에 들어가서 소스를 퍼다가 자신이 운영하는 페이지에 붙이면 광고가 돌아간다. 이렇게 자동화를 통해 광고를 붙이고, 운영비용이 제로(Zero)화되자 하루 방문객이 단 10명뿐인 사이트나 한 달에 광고 수익이 1만 원도 안 되는 사이트에도 광고가 돌아가기 시작했다. 광고 시장에서 버려졌던 70%의 시장을 순식간에 구글이 점령해나간 것이다.

단순히 광고가 붙는 것에서만 멈추지 않았다. 광고 시장은 광고와 매체를 연결해주는 장터와 같은 곳이다. 뮤지컬 제작사는 공연 정보가 자주 올라오는 블로그에 광고를 노출하고 싶어 하고, 토익학원은 취업 준비 중인 대학생들이 많이 모여 있는 사이트를 찾는다. 매체 입장에서도 방문객과 연관도가 높은 광고가 게재되어야 높은 클릭률을 기대할 수 있다.

구글은 이 역시도 자동화를 통해 순식간에 진행해버린다. 애드센스가 달려 있는 페이지의 내용(Context)을 스캐닝하여 인식하는 것은 물론이고, 그 페이지에 도달한 사용자들의 특성을 파악하여 그에 맞는 광고를 노출하는 것이다. 여름 피서와 관련된 뉴스 페이지를 방문한 사용자를 예로 들어보자. 이전에 백화점이나 재테크 관련 사이트를 돌아다닌 사용자에게는 해외여행 광고 배너를 노출하고, 아르바이트 구직 사이트나 저렴한 쇼핑몰을 둘러봤던 사용자에게는 국내여행을 노출하는 식이다.

이것이 바로 구글 광고 사업의 두 번째 특징인 콘텍스트와 사용자 특성에 기반을 둔 '타깃 광고(Targeted Advertising)'다. 사용자들의 특성을 광고 툴이 어떻게 인식하는지를 알기 위해서는 먼저 구글의 쿠키를 설명해야 한다. 쿠키(Cookie)란 웹사이트들이 사용자의 로컬하드에 저장하는 파일로, 주로 사용자의 아이디를 저장하는 텍스트 파일이다. 어떤 사용자가 G마켓 사이트에 접근했을 경우, G마켓의 서버는 사용자 PC에 저장되어 있는 G마켓의 쿠키파일을 찾는다. 쿠키가 없을 경우에는 로컬드라이브에 사용자의 아이디값을 저장한 쿠키파일을 새로 만들어둔다. 그래서 다음 방문 때 로그인을 하지 않은 상태에서도 이전에 어떤 아이디로 로그인했는지를 살펴보고, 그 사용자가 즐겨 찾을 만한 상품군을 전면에 보여준다. 아이디값 외에, 로그인·로그아웃 시간(체류 시간), 그리고 사이트 내 이동 경로 등도 쿠키에 저장할 수 있다.

이렇게 개별 사이트가 각자 쿠키를 관리하던 것을 넘어 사용자가 이동하는 여러 사이트들의 경로를 추적(Cross-site profiling)하기 시작한 대표적인 기업이 바로 2007년 구글이 인수한 '더블클릭(DoubleClick)'이었다. 2007년 당시 170억 개의 광고를 진행하고 있던 더블클릭은 수많은 광고 배너에 쿠키를 저장할 수 있는 1×1 픽셀 크기의 gif 파일을 숨겨두었다. 그래서 더블클릭의 170억 개의 광고가 붙어 있는 사이트(당시 인기 있는 대부분의 사이트)들을 오가는 사용자들이 어디에서 어디로 페이지를 이동했으며, 얼마나 오래 머물렀는지, 구매한 상품, 클릭한 광고 등의 정보를 저장 및 수집할 수 있었다. 광고 배너로 촘촘한 그물을 만들어 막강한 웹 추적 시스템을 갖춘 것이다. 이러한 정보를 통해 사용자의 성별·나이·지역·학력·수입·인종 등을 비교적 정확하게 추측해낼 수 있었다. 검색 엔진에 '입 냄새'를 키워드로 입력하여 관련 페이지로 이동했던 사용자가 G마켓에서 노트북 같은 고가의 상품을 선택하여 구매 프로세스를 밟으면, 마지막 결제 단계에서 '입 냄새를 없애주는 특허받은 가글, 단돈 1만 원'이라는 타겟팅된 저가 상품을 제안할 수 있다. 현대자동차의 신형 그랜저 프로모션 페이지를 방문하고 구글에서 SM7 가격을 검색한 사용자가 G메일을 켜면, 놀랄 것도 없이 '혼다 어코드3.5' 광고가 노출되는 식이다. 어코드 광고주가 원하는 마케팅 대상은 경쟁사의 동급 차량에 관심을 보이고 있는 사람들이기 때문이다. 광고 시장에서 사용자의 계층과 특성을 파악하는 이러한 기술이 중요한 이유다.

구글 광고 사업의 세 번째 핵심은 막강한 검색 엔진과의 결합이라는 점이다. 마이크로소프트의 검색 엔진 빙이 2009년 출시되었을 때, 빙은 검색 엔진이 아니라 '결정 엔진(Disicion engine)'이라고 불리길 바랐다. 물론 별 호응을 얻지는 못했다. 하지만 중요한 시사점을 던져주었다. 우리는 휴가를 어디로 갈지, 자동차는 어떤 것이 좋은지, 회사 근처 중국어 학원들의 평판은 어떤지, 분양하는 아파트 중에서 어떤 것을 고를지 등의 구체적인 행동을 결정하기 위해 검색 엔진을 찾는다. 그리고 그 행동의 대부분은 구매 활동과 직간접적으로 연계되어 있다. 그렇다 보니 검색 결과 페이지에 노출되는 광고의 영향력은 블로그나 카페에 뜨는 광고와 비교가 안 된다. 일반적인 검색 엔진의 CTR(0.5%)이 SNS 의 CTR(0.08%)에 비해 높은 이유도 여기에 있다.

사용자 추측에 노이즈가 발생하다

앞에서 살펴본 것처럼 구글 광고 사업은 애드센스에 기반한 롱테일 전략, 콘텍스트와 사용 패턴 추적을 통한 타깃 광고, 그리고 구글 검색과의 연계라는 3가지 핵심 축에 기반한다. 그런데 이러한 광고 방식에는 몇 가지 한계가 있다.

우선, 쿠키값에 기반을 둔 사용자 추측에 노이즈가 생기는 기술적 측면의 문제가 있다. 같은 기기를 공유하는 사람들은 서로 쿠키도 공유한다. 집, 도서관, 커피숍 등의 공공장소에서 수집된 사용자 정보는 새로운 사용자를 기존 사용자와 동일시하는 심각한 오류를 갖는다. 그리고 이제는 한 명의 사용자가 여러 기기를 통해 서비스에 접근하고 있다. 집에서는 데스크톱, 이동 중에는 노트북이나 스마트폰, 사무실에서는 PC를 사용한다. 서비스 제공자는 이 각각의 단말을 통해 들어오는 사용자를 서로 다른 사용자로 인식하여 이 모든 행동 패턴을 한 사람의 정보로 집적하지 못한다. 특히나 사용자들이 디바이스를 옮길 때마다 새로운 디바이스에서는 유저를 파악할 정보가 전혀 없다는 문제가 발생한다.

SNS 광고 플랫폼의 **강점**

그런데 이러한 기술적인 측면보다 구글을 더 불안하게 만드는 것은 페이스북과 같은 SNS가 가지고 있는 광고 플랫폼으로서의 강점이다. 대학생들을 코어 타깃으로 한 소개팅 서비스 광고를 예로 들어보자.

구글은 아르바이트 구직 사이트를 돌아다니고, 레포트 다운로드 사이트에 가입하며 이력서 작성법을 검색하는 사용자의 행동 패턴을 보고 그들이 대학생임을 추측한다. 그리고 그들이 매치 메이킹과 관련된 키워드(채팅·미팅·파티 등)를 입력하거나, '혼자 영화 보는 사람들'이라는 카페에 방문했을 때 대학생들을 위한 소개팅 서비스 광고를 보여준다.

반면, 페이스북과 같은 SNS는 사용자가 직접 입력한 프로필을 가지고 현재 신분과 사는 곳, 솔로인지 아닌지, 게다가 성적 취향(Straight or not)까지도 정확하게 알 수 있다. 사용자가 페이스북 프로필을 거짓으로 입력할 수도 있지만, SNS상에서 쌓이는 인적 네트워크 때문에 절대다수의 사람들이 프로필을 사실대로 적고 있다. 이를 기반으로 서울대 남학생 중 솔로인 사람들에게는 '아크로에서 스쳐보낸 그녀 찾기'를, 제주대 여학생들에게는 '은행나무길 이제는 혼자 걷지 마세요!' 등의 맞춤형 광고를 노출한다. 그리고 사용자들은 SNS상에 끊임없이 본인의 이야기를 올린다. 구글이 여러 사이트를 옮겨다니는 사용자들의 흔적을 추적해가면서 복잡한 연산으로 정보를 추출할 때, 페이스북은 사용자가 직접 올린 프로필과 글을 보고 정확한 타깃 광고를 진행하는 것이다.

또한 페이스북의 사용자가 외부 사이트에서 Like 버튼을 클릭하면 사용자의 활동과 관심 내역(activities & interests)에 정보가 누적된다. 사용자가 무엇을 좋아하고 지지하는지에 대한 명확한 정보가 쌓이는 것이다. 이러한 상황은 타겟팅의 정확도에서 볼 때 구글이 SNS에 밀리고 있음을 드러낸다.

『페이스북 이펙트』의 저자 데이비드 커크패트릭(David Kirkpatrick)의 말처럼 페이스북은 특정 지역의 특정 회사에 근무하는 사람들에게만 메시지를 보낼 수도 있다. 이는 경쟁사로부터 인재를 스카우트할 때 기업들이 주로 사용하는 타깃 광고다. 디지털 카메라 판매자가 구글에서 광고를 하면 '디지털 카메라'라는 검색어를 입력하는 사용자들에게

만 광고가 노출되지만, 페이스북의 경우에는 자녀가 있지만 아직 페이스북에 사진을 한 장도 올리지 않은 캘리포니아에 사는 유부남들에게 광고가 선택적으로 노출되게 할 수도 있다.

여기까지 생각해보면 구글 검색 광고의 CTR이 페이스북보다 훨씬 낮을 것 같아 보인다. 하지만 앞 단에서 설명했듯 검색 자체가 목적성이 분명한 행동이기 때문에 구글 검색 광고의 CTR은 5%가 넘는다. '꽃배달'을 검색하는 사람에게 꽃배달 업체들의 광고를 보여주는 것이 구글의 방식이다. 광고를 클릭하기 위해 검색한 것이므로 CTR이 높을 수밖에 없다.

반면, 페이스북 배너의 CTR은 0.08%이다. 페이스북 사용자는 검색을 목적으로 하지 않기 때문에 광고 노출 전략도 다르다. 커뮤니케이션이 잦은 여자 친구 '재정'의 생일이 임박했을 때, 남자의 페이지 우측에 '당신의 재정 씨가 좋아하는 꽃들'이라는 배너 광고를 보여주는 식이다.

구글의 광고가 7억 명의 사용자를 가진 페이스북에게 당장 밀릴 기세는 전혀 없다. 하지만 디지털 카메라와 꽃배달의 예에서도 알 수 있는 주요한 시사점이 있다. 구글이 구매를 결정한 사용자에게 관련 광고를 푸쉬하는 데 주력한다면, 페이스북은 적절한 시기에 적절한 제품을 제시하여 사용자로 하여금 없었던 구매욕을 불러일으킨다는 것이다.

바로 여기에 구글 광고 모델의 두 번째 성장 한계가 숨어 있다.

> 나는 광고가 대부분 낭비라는 생각을 지지하지 않습니다. 소비자가 열다섯 살일 때 벤츠를 좋아하도록 미리 미리 홍보하지 않는다면, 아이가 마흔 살이 되어서 살 여력이 있을 때도 사지 않을 겁니다.
>
> 일회용 기저귀를 예로 들어보죠. 임신한 여성에게만 마케팅을 해야 할까요? 나라면 할머니가 구매에 더 크게 영향을 미칠지도 모른다고 말할 겁니다. 그리고 바비 인형에게 맞는 조그마한 기저귀를 만들어주면 여덟 살 난 아이도 우리 브랜드를 알게 되겠죠. 어느 쪽이든 타깃을 크게 확대해야 합니다.
>
> 어윈 고틀립, 그룹M CEO

제품을 실제 구매할 사람들을 위해 진행하는 광고가 전체 광고 시장에서 차지하는 비율은 20% 이하다. 전통적으로 마케팅은 [브랜드 인지 → 친숙(동경, 니즈 유발) → 구매 고려 → 구매 → 충성고객화]의 단계를 견인하는 데 목적이 있다. 그래서 제품에 대해 모르고 있던 사람에게 제품을 알리는 것, 알고는 있었지만 제품에 대한 필요나 동경이 없는 사람들에게 제품을 동경하게 만드는 것, 이미 구매한 고객을 충성고객으로 만드는 것 등이 모두 광고에 속한다.

이와 같은 폭넓은 광고 영역에서 구글의 타깃 광고는 제품에 대한 니즈가 분명한 사람(꽃배달 검색자)에게 구매처(꽃배달 업체의 광고)를 보여주는 것에만 집중되어 있는 시장 한계가 있다. 광고주 입장에서는 가정 형편이 어려운 중학생의 머릿속에도 행복과 부유의 상징으로써의 래미안 아파트를 심어놓아야 한다. 마찬가지로 새벽 아르바이트를 뛰는 대학생들에게도 벤츠 자동차가 성공한 삶의 상징이라는 것을 미리 알려야 한다. 래미안 아파트와 벤츠 자동차를 돋보이게 만드는 건 제품이 가진 뛰어난 성능보다 그 제품을 구매하지 못하는 절대 다수의 동경이기 때문이다. 제품이 가진 실질가치보다 더 비싼 가격을 주고도 구매 만족도가 높은 충성고객이 되는 것은 이와 같은 니즈가 바탕이 된다. 그래서 광고주들은 대부분의 마케팅비용을 실제 제품을 구매할 대상에 대한 타깃 광고가 아닌 TV, 라디오 등의 매스미디어 브랜드 광고에 쏟는다. 지금 막 어떤 제품을 구매하려는 사람들의 관심을 끌거나(Click), 실제 구매로 연결(Lift)시켰을 때 소액의 수수료를 받는 광고는 기업이 그 이전 단계에 진행하는 마케팅 활동(인지, 친숙, 구매 고려)의 연장선상에 있으며, 차지하는 비율도 작다. 신문, 방송 등의 매스미디어를 통해 사람들의 머릿속에 광고주가 원하는 콘셉트를 자리 잡게 하는(Positioning) 지속적이고 반복적인 노출 광고의 규모와 비교할 수조차 없다.

"이성과 감정은 본질적 차이를 가지고 있다. 이성은 결론을 짓지만, 감정은 행동으로 이어지기 때문이다."라는 도날드 브라이언 칸(Donald Brian Calne)의 말처럼 우리가 어떤 제품을 구매하거나 공간 및 브랜드에 대한 충성고객이 되는 데에는 이성보다는 감정이 훨씬 더 큰 영향을 미친다. 구글은 이성적 연산에 기반한 타깃 광고에는 능하지만, 감성을 지배하는 광고 본연의 플랫폼이 되기에는 한계가 있다.

> 소셜미디어의 융성은 소비자들의 신뢰가 기업에서 동료 소비자들에게로 이동하고 있음을 반영한다. 우리는 이제 '마케터와 소비자'라는 이분법을 끝내야 할 때가 왔다고 믿는다. 이는 더 확장하자면 '기업과 소비자'라는 이분법을 끝내야 한다는 말과 동의어다.
>
> 『마켓 3.0』, 필립 코틀러

사람들은 자신이 타겟팅되는 것을 거부한다

지금까지 쿠키의 기술적 노이즈, SNS의 보다 정확한 타겟팅 능력, 그리고 타깃 광고가 전체 광고 시장에서 차지하는 비중이 생각보다 작다는 사실을 살펴보았다.

이외에도 현재의 시장은 구글의 광고 모델에 더욱더 적대적인 추세에 있다. 필립 코틀러의 말처럼 '신뢰의 이동'이 일어나고 있기 때문이다. 사람들은 이제 무수한 정보 속에서 광고를 추려내는 것을 포기해버렸다. 로봇 청소기를 구매하려는 사용자가 네이버 지식in이나 카페, 블로그 등에서 여러 제품들의 정보를 얻고자 할 때, 광고글과 진짜 사용자의 글을 분별할 수 있는 시대는 끝났다.

광고 기법은 아주 세련된 모습으로 바뀌었다. 광고글이라고 해서 무턱대고 장점만 나열하는 블로그나 카페글은 사라진 지 오래다. 남편에 대한 불만을 나열하고, 공부 못하는 자녀에 대한 불안도 은근슬쩍 내비치면서 로봇 청소기의 코어 타깃 세대들과 공감대를 형성하는 데 주력한다. 단점도 써 넣는다. 단, 50평 이상에서는 사용이 안 된다는 식으로 남긴다. 리얼리티는 높이되 사용자들의 구매에는 크게 영향을 미치지 않게 하는 것이다. 이렇게 위장된 광고가 넘쳐나면서 사용자들은 더 이상 온라인에 올라온 출처 불문의 데이터를 믿지 않게 되었다.

이제 사람들은 자신을 둘러싼 '관계'를 믿기 시작했다. 나에게 타깃팅된 적절한 영화 광고가 올라와도 그 영화를 본 친구가 재미없다고 말하면 보지 않는다거나, 존경하는 선배가 쓴 서평을 보고 책을 구매하는 식으로 움직인다. 이전에도 이런 패턴은 있었지만 스마트폰과 SNS의 대중화 때문에 지인의 경험이 내게 영향을 미치는 일들이 실시간으로 보다 빈번하게 이루어지고 있다. 이는 기업 활동(광고 마케팅)의 힘을 약화시키는 것이다.

광고의 효율은 '연관'과 '신뢰'에서 나온다. 구글은 연관성에 있어서는 최강이지만, 신뢰의 핵심을 이루는 '관계'를 만들어내지 못하고 있다. SNS 마케팅이 주목을 받는 시장 상황에서, 구글이 SNS 플랫폼을 구축하려고 투자를 늘리는 이유가 바로 여기에 있다.

구글의 문제는
기술이 아니라 철학이다

스트리트뷰 촬영이 싫다면, 이사가라?

2010년 2월, 구글이 '버즈(Buzz)'라는 SNS 서비스를 세상에 내놓았다. 구글의 서비스답게 나오자마자 많은 이슈를 만들어냈지만, 역시나 가장 큰 문제는 개인정보 침해였다. 구글은 사용자들이 자주 쓰는 이메일 주소를 동의도 얻지 않은 채 공개했고, 사용자들의 집단 소송이 일어났다. 구글이 850만 달러를 개인정보 보호기금으로 내놓겠다는 것으로 합의가 이루어졌지만, 문제는 이와 같은 일이 구글에서 빈번하게 벌어져왔다는 것이다.

개인이 온라인상에 올리는 데이터의 양이 급증하자 개인정보 보호 문제도 중요 이슈로 떠올랐다. 자신이 올린 데이터가 타인으로부터 보호받지 못한다는 생각이 들면 누구든 해당 서비스를 떠나거나 더 이상 온라인상에서 사적인 이야기를 하지 않을 것이다. 그렇기 때문에 개인정보 보호는 기업의 사활을 건 문제가 된다.

얼마 전 세간을 떠들썩하게 했던 사건이 있었다. 내연녀와 함께 아내를 살해한 대학교수가 살해 직전에 내연녀에게 카카오톡 메시지를 보냈다. '맘 단단히 먹으라'는 메시지였다. 대학교수는 문제가 될 수 있는 이 메시지를 삭제하기 위해 카카오톡 본사까지 찾아가 정보 삭제를 요청했다. 하지만 그 문자는 중요 용의자로 교수를 지목했던 경찰의 요청으로 복구되어 증거로 채택되었다.

이 사실이 언론을 통해 대대적으로 알려지면서 카카오톡은 곤란을 겪었다. 살인범을 잡은 기특한 카카오톡으로 보는 이들보다, 내 모든 대화 내용이 서버에 저장되며, 그것이 언제든 누군가에 의해 들춰질 수 있다는 것에 불쾌감을 느낀 사용자들이 훨씬 많았기 때문이다. 카카오톡에서 나눈 대화가 둘 만의 비밀이 아닐 수도 있다는 경각심이 대중적으로 유포된 것이다. 이는 서비스에 적지 않은 피해를 입혔다. 카카오톡은 이 이슈에 민감하게 대응하여 2011년 5월부터 1개월 이상된 대화 내용은 자동 삭제한다는 정책을 발표했다. 완벽하진 않았지만 사용자들을 안심시켜나가는 최선의 대응이었다.

구글은 인류 역사상 개인정보 침해 문제로 가장 많은 소송을 당한 기업이다. 물론 당장 그것 때문에 구글이 휘청거리는 일은 없을 것이다. 하지만 문제 해결은 상황을 인지하는 것에서부터 시작된다.

구글의 공동 창업자들과 전 CEO인 에릭 슈미츠(Eric Schmidt)는 구글이 개인정보를 침해하고 있다는 일각의 비난을 전혀 이해하지 못한다. 타깃 광고를 위해 사용자들의 G메일 내용을 기계적으로 스캐닝하거나 웹상 이동 경로를 추적하는 것에 대해서 시민단체들이 우려를 표했을 때, 그들은 "대부분의 사용자들은 좀 더 관련 있는 광고를 보고 싶어한다."고 대답했다. 어떤 기자가 구글의 개인정보 보호 정책에 대해 물었을 때는 "온라인상에 개인정보란 것이 도대체 존재할 수 있습니까?"라고 되묻기도 했다. 또한 열쇠를 잃어버린 건지 혹은 도둑인지 알 수 없는 남자가 주택의 담을 넘는 모습과 한 청년이 노상방뇨하는 모습 등의 개인정보가 여과 없이 공개되는 스트리트 뷰에 대해 소송이 일어나자 "스트리트뷰 촬영이 싫다면 이사가라."*고 말하기도 했다.

> * 스트리트뷰는 구글이 제공하는 인터넷 지도 서비스다. 거리의 모습을 360도로 옮겨가며 볼 수 있어 시행 이후 개인정보 침해로 논란이 들끓었다. 에릭 슈미츠는 2010년 10월 CNN과의 인터뷰에서 "스트리트뷰 촬영이 싫다면 이사가라. 우리는 딱 한 번 지나갔을 뿐이다. 이것은 감시하는 상황이 아니다."라고 말했다.

구글 침몰의 결정타, 개인정보 침해

최강의 개발 인력을 가진 구글이 개인정보 침해 문제를 기술적으로 해결할 생각이 있었다면, 지금까지 그래왔듯 최강의 개인정보 보호 툴을 만들었을 것이다. 하지만 구글 임원들의 발언에서 드러나듯 구글의 문제는 기술이 아니라 철학에서 비롯된다. 그들은 라이프로그(Life-log : 한 사람이 인생에서 경험하는 모든 것을 컴퓨터에 저장하고자 하는 기술 사조)를 지향하는 기업이다. 구글은 세상의 모든 정보(한 사람의 인생 전체까지도!)가 온라인화되어 검색(구글링)되어지길 바란다. 구설수에 올랐던 임원들의 발언은 경솔한 발언이 아니라 구글의 철학을 알 수 있는 매우 중요한 말이다. 개인정보를 보호하고자 하는 기업정신이 근본적으로 희박한 것이다.

페이스북은 구글을 침몰시킬 결정타를 바로 이 점에서 찾았다. 페이스북은 에이전트를 고용하여 구글의 개인정보 침해를 공론화시키려다가 들통 난 적이 있다. 작전은 실패로 끝났고, 전 세계적으로 망신을 당했지만 전략만큼은 적확했다.

구글이 망한다면 분명 개인정보 보호에 실패했기 때문일 것이다. 음이온 공기청정기가 인체에 유해한 오존을 발생시킨다는 사실이 알려진 뒤에 수많은 업체가 도산했다. 유아 카시트의 부실한 안전성 문제가 떠오르자 카시트 업계의 판매 순위가 완전히 재편성되었다. 온라인 서비스 기업의 순탄한 성장을 한순간에 무너뜨릴 수 있는 이 시대 최대의 이슈는, 개인정보 침해 문제다. 개인정보를 보호하는 일은 우리가 구축하고자 하는 모든 서비스의 바이블이 되어야 한다.

페이스북은 자신의 실제 아이덴티티와 친구 관계에 기반한 서비스다. 내가 대화를 나누는 상대가 누구인지 정확하게 알 수 있고, 그렇기 때문에 나의 정보를 어디까지 공개할지 범주를 결정할 수 있다. 페이스북의 정보가 외부 검색 엔진에서 검색(노출)되지 않는다는 점까지 생각한다면, 왜 페이스북이 구글보다 개인정보 침해 이슈에서 자유로운지 쉽게 이해할 수 있다.

많은 것을 묻지 않는 'SSO' 전략

개인정보 침해를 두려워하는 사용자들의 정보 불안에 대해 가장 민감해야 할 대상은 대기업이라고 생각하기 쉽다. 하지만 이로 인해 가장 많은 피해를 입고 있는 건 중소기업들이다.

인터넷 기사를 읽다가 기자의 논조가 마음에 들지 않아 댓글을 단다고 생각해보자. 로그인 창이 뜨거나 비회원이면 회원가입을 해야 한다. 실명인증을 위해 주민번호를 기입하고, 우편번호를 찾아 주소도 입력해야 한다. 댓글을 하나 달려는 것뿐인데 전화번호와 학력까지 묻는다. 심지어 어떤 곳은 휴대폰 인증까지 받아야 회원가입이 완료된다.

사용자들은 신뢰할 수 없는 사이트에 자신에 대한 이렇게 많은 정보를 주려고 하지 않는다. 회원가입 내용을 무겁게 만들어 언론사 스스로가 회원가입을 막고 있는 꼴이다. 기사마다 광고성 댓글만 가득한 것도 그들 탓이다.

중소 쇼핑몰들도 마찬가지다. 우연히 배너를 클릭해 들어온 쇼핑몰에서 마음에 드는 물건을 찾았다고 해도, 사용자들은 쉽게 구매하지 않는다. 잘 모르는 사이트에 자신의 정보들을 남기고 싶지 않기 때문이다. 대중적인 신뢰가 쌓이지 않은 중소 규모의 사이트들은 회원에게 최소한의 정보만 요청해야 한다. 중소 사이트가 선택할 수 있는 또 하나의 방법이 있다. 바로, SSO(Single Sign On)다. 회원가입 없이 페이스북, 트위터, 네이트, 다음의 아이디로 로그인할 수 있게 하는 것이다.

국내 온라인 기업들은 가입 회원 수를 가지고 기업의 규모를 측정해왔다. 그리고 회원 DB를 자산이라고 생각하여 간단한 댓글 정도를 남기려는 사용자에게도 주소와 전화번호를 필수 사항으로 입력하게 했다. 이는 중소기업의 사이트에 회원이 늘지 않는 가장 치명적인 원인이 된다. 필요 이상의 정보를 요구하는 것도 개인정보 침해인 것이다. 회원가입부를 경량화하거나 SSO를 적극적으로 도입하는 것은 중소기업에게 꼭 필요한 전략이라고 할 수 있다.

사용자를 머물게 하지 못하면 끝이다

빠르고 정확하게 찾아주는 죽은 정보

페이지랭크 알고리즘으로 검색 페이지를 추출하는 구글은 기본적으로 오랫동안 사람들의 신뢰를 받아온 페이지를 최상단에 노출시킨다. 구글에서 '강남 맛집'으로 검색하여 찾은 한 블로그에는 몇 달 전 그곳에 다녀온 사람이 올린 사진과 리뷰가 담겨 있다. 음식점을 선택하는 데 꼭 필요한 정보다. 그런데 그 맛집을 페이스북이나 트위터에서 검색해보니 리모델링을 위해 오늘부터 휴점한다는 정보가 올려져 있다. SNS를 이용하지 않았다면 헛걸음을 했을 것이다. 이것은 구글이 절대적으로 밀리고 있는 '실시간' 정보 영역이다. 구글은 죽은 정보를 찾아내 보여주고, 트위터나 페이스북은 살아있는 정보를 알려주는 것이다.

체류 시간 전쟁

더 치명적인 부분은 바로 '체류 시간(Duration Time)'이다. 구글에는 전 세계 거의 모든 네티즌들이 방문하지만 사용자들이 검색을 한 후 다시 구글로 돌아오는 일은 드물다. 구글은 항상 정확한 결과값을 내놓았고, 사용자들은 원하는 페이지로 떠났다. 이것은 구글의 자랑이었다. 구글 시대에는 광고의 노출 횟수(Impression)가 중요했다. 그래서 얼마나 많은 사람들이(UV) 얼마나 많은 페이지를 열어보았는지가(PV) 가장 중요한 가치였다. 그때마다 다양한 광고 배너가 새롭게 노출되기 때문이다. 하지만 이러한 가치들은 웹 사용 패턴을 단선적으로 바라보는 것이었다. 백화점의 매출은 얼마나 많은 사람들이 백화점을 방문했느냐 만큼이나 얼마나 오랫동안 머물렀느냐에 따라 영향을 받는다. 단 5초를 머물다 이탈한 페이지에 노출되는 배너와 5분을 머무른 페이지의 배너는 효과면에서 전혀 다를 수밖에 없다.

비단 광고 문제만은 아니다. 구글 내에 정보가 축적될 공간이 없다는 것, 구글이 새롭게 만든 서비스를 사용자들에게 경험시킬 시간이 없다는 것도 큰 문제다. 인터넷상의 모든 서비스 업체들은 이제 PV/UV 전쟁에서 벗어나 체류 시간 전쟁을 하고 있다.

어플리케이션 시장에서도 마찬가지다. 카카오톡의 경우 2,000만 명이 다운받았고(UV), 사용자들은 하루에도 수십 번씩 메시지 송수신을 위해 카카오톡을 실행(PV)한다. 그런데도 카카오톡은 돈을 벌지 못하고 있다. 그 이유가 뭘까? 검색 엔진 구글처럼 카카오톡도 지나치게 목적성이 강한 것이 문제다. 사용자들은 메시지가 오면 카카오톡을 실행하여 확인하고, 답문을 보낸 다음 닫아버린다. 빈번하게 사용하지만 매번 지극히 짧게 머무는 것이다. 분명한 목적성과 매우 짧은 체류 시간 때문에 사람들은 카카오톡 내에 광고를 붙여도 클릭할 겨를이 없다. 새로운 기능이 추가되어도 그것을 알아차릴 새도 없이 나가버린다.

그렇다면 카카오톡의 체류 시간을 어떻게 증대시킬 수 있을까? 친구 목록을 소셜그래프화시키는 방법이 가장 빠르다. 프로필 사진을 다수 올리게 하고, 카카오톡 친구들이 댓글을 달게 만드는 것이다. 사람들은 문자를 주고받지 않아도 친구들의 사진을 보고 댓글을 달기 위해 어플리케이션을 구동할 것이다. 이 소셜그래프화된 친구 목록의 우측 (내 상태 멘트창)에 친구의 카카오톡 내 활동 내역을 공개하는 방식으로 새로운 기능을 홍보할 수도 있다.

체류 시간 증대의 중요성이 부각되고 있는 지금, 빠르게 검색 결과를 보여주고 그곳으로 떠나버리게 하는 구글의 Fast Move-Out 정책은 구글 스스로를 고립시키고 있다.

'Usability'보다 더 중요한 가치

구글이 만든 사이트들을 보면 매우 편리하다. 디자인도 불필요한 요소를 배제하여 심플하게 만든다. 구글은 모든 서비스 기획의 핵심에 '사용성(Usability)'을 두고 있다. 사실, 구글 시대의 우리 모두가 그랬다. 사용성은 학습의 용이, 효율, 적은 오류, 기억하기 쉬운 UI(User Interface), 만족도 등을 포괄적으로 뜻한다. 사용성을 높이려면, 처음 방문하는 사용자도 쉽게 알 수 있도록 메뉴의 위치와 사이트의 각 기능을 만들고, 원하는 퍼포먼스를 얻기 위해 입력해야 할 내용도 최소화해야 한다. 또, 페이지 간 이동과 기능 구동에 최소의 시간이 들며, 오류 발생 시 정상 페이지로 돌아가기가 편리해야 한다.

인터넷 발생기와는 물적 토대 자체가 달라진 지금은, 위와 같은 효율에 무게를 둔 사용성이 가치를 잃어가고 있다. 사용성이 처음 회자되었던 인터넷 발생기에는 명확하고 쉽게 학습할 수 있는 UI 기획이 필요했다. 통신 속도가 느려 버튼 선택이 어렵거나 오류가 많아 잘못된 페이지로 이동했을 때 정상 페이지로 돌아가는 데 많은 시간이 걸렸기 때문이다. 지금은 절대 다수의 유저들이 인터넷에 익숙하고, 통신 속도도 빠르게 발전했다.

사람들은 사용성이 아니라 그들에게 제공하는 '감각적 경험(Sensibility)'을 중요하게 생각한다. 대표적인 예로 애플의 아이튠스 앨범 리스트를 떠올려보자. 노래가 담긴 앨범 재킷들을 LP판 넘기듯 손가락으로 넘기면서 볼 수 있다. 여러 음악 리스트를 한눈에 보여주는 가장 효율적인 UI는 노래 제목, 가수, 러닝타임을 텍스트로 리스트업한 화면이다. 아이튠스가 보여주는 앨범 재킷만 보고는 가수가 누구이고 어떤 곡이 들어있는지 한눈에 알 수 없어 상대적으로 불편하다. 그럼에도 불구하고 사람들은 아이튠스 UI에 열광했다. UI에 있어서 절대 진리인 '예쁘면 참는다'가 다시 한 번 증명된 셈이다. 이처럼 사용자를 충성고객으로 만드는 데 있어서 얼마나 편리한가의 문제는 크게 의미가 없어졌다. 다소 불편하더라도 사용자에게 특별하고 감각적인 경험을 제공한다면 사랑받을 수 있다. 이는 서비스 기획 단계에서 명심해야 할 새로운 가치다.

Google 패러다임의 종료가 의미하는 것

1 SNS 시대는 서비스에서 중요하게 바라볼 가치의 전환을 요구한다. 마케팅에 있어서 검색 엔진에 잘 노출되게 만드는 SEO 전략보다는 SNS상의 '관계' 속에서 이야기가 넘쳐흐르도록 만드는 것이 중요하다. 이는 다음 장에서 더욱 자세히 살펴볼 것이다.

2 PV/UV, 다운로드 및 실행 수만큼이나 체류 시간 증대에 전략적 투자를 해야 한다. 이를 통해 사용자를 서비스 내에 오래 머물게 하여 다른 부가 서비스를 제안하거나 광고를 클릭할 확률을 높여나가야 한다.

3 잘나가던 온라인 기업이 한순간에 망할 수 있는 중요 이슈는 개인정보 침해다. 사활을 건 능동적인 대응이 필요하다.

4 편리성보다는 감각적인 경험 제공에 UI 기획의 모든 것을 걸어야 한다. 예쁘면 불편해도 참으며, 감각적일수록 충성고객이 된다.

5 우리는 회원 수에 대해 지나치게 강박적이다. 하지만 Bit.ly의 놀라운 기업 가치와 구글의 검색 정확도 하락이 보여주듯 SNS 시대에는 회원 수보다 사용자들의 행동 패턴을 집적하는 것이 훨씬 더 가치 있다. 회원가입부를 경량화하거나 SSO로 대체하고, 행동 패턴에 주목하는 비즈니스 모델로의 전환이 필요하다.

Issue & Insight

인터넷은 당신의 '정체성'까지 만들어낸다
_'Filter Bubble'

소통과 민주주의에 대한 희망

독재자들의 국가 운영 방식은 나라를 불문하고 동일한 특성을 드러낸다. 그들은 가장 먼저 군대를 강화하고 언론을 장악한다. 정권 문제가 공론화되지 않도록 통제하고, 시민들의 집단행동을 막는 것이다. 부패한 경찰을 고발하다 연행된 후, 피투성이 시신으로 발견된 이집트의 청년 '칼레드 사이드' 사건도 이집트 언론에서 외면되어 묻힐 뻔했다. 하지만 인터넷이 발달하고 뉴스피드를 통한 SNS의 전파력이 극대화되면서 더 이상 독재자들의 언론 장악이 불가능해졌다. 페이스북에 '우리 모두가 칼레드 사이드'라는 페이지가 만들어진 것을 시작으로, 새로운 국면이 펼쳐졌다. 사람들이 댓글을 달거나 Like 버튼을 클릭하는 것만으로 독재정권의 만행을 자신의 친구들에게 적극적으로 알리는 '운동'이 되었다. 통제되었던 정보의 공개는 민주화를 요구하는 시위로 이어져 이집트의 민주주의를 일궈내는 데 크게 기여했다. 중국에서 페이스북과 트위터 사용을 여전히 금하고 있는 이유다.

이렇듯 인터넷은 세상의 많은 지식과 사람들을 연결시켜주는 소통창구였다. 또 민주주의를 확산시켜주는 희망의 공간이었다. 그런데 이러한 희망과는 다른 방향으로 인터넷이 진화해가고 있다.

같은 사이트를 방문했는데, 왜 다른 정보를 얻게 될까?

트위터에서 친구를 등록하고 글을 쓰면 트위터가 알아서 '나와 비슷한 친구들'을 추천해준다. 인터넷 서점에서는 '당신이 관심을 가질 만한 책'을 찾아주고, 인터넷 뉴스 사이트는 각 사용자가 주로 읽어온 분야의 뉴스를 앞단에 보여준다.

구글은 사용자가 검색 버튼을 누르는 순간 무려 57개의 사용자 데이터를 연산한다. 이 데이터에 의해 각 사용자에 맞는 최적의 결과값을 산출한다. 사용자 데이터에는 연결된 친구, 메일을 주고받는 사람들, 그동안의 검색어, 클릭한 URL, 체류 시간, 위치 등이 포함되어 있다. 물론 인간이 느낄 수 없는 극히 짧은 순간 연산이 이루어지기 때문에 사용자들은 눈치채기 힘들다.

똑같은 검색어를 입력한 사용자라고 해도 각자가 얻는 정보는 서로 다르다. '이집트'를 검색했을 때 어떤 사람에게는 이집트의 현재 정세에 대한 내용이 페이지 가득 나오지만, 여행에 관심이 많은 다른 사용자에게는 이 내용이 단 한 줄도 뜨지 않고 이집트 날씨와 환율, 관광 정보가 보여지는 것이다. 이러한 결과는 웹 사용을 보다 편리하게 만들려고 하는 '개인화(Personalization)'의 결과다.

개인화, 당신을 고립시키는 덫이 될 수도 있다

개인화된 웹을 처음 고발한 사람은 엘리 파리세(Eli Pariser)였다. 그는 『Filter Bubble』이라는 책에서 '개인화, 때로는 당신을 고립시키는 덫이 될 수도 있다'고 경고했다. 개인화된 웹은 수많은 정보들이 연결된 공간이라는 기존의 의미를 잃어버렸다. 나의 행동 패턴을 파악하고 나를 규정한 후 나에게 맞는 정보만을 보여주고, 그 외의 정보들은 버려지고 감춰지기 때문이다. 이는 기호에 맞는 물건만 소비하고 싶은 소비자들에게는 적절할 수 있지만, 모든 정보를 투명하게 받아들이고 공정하게 판단해야 할 시민들에게는 결코 좋은 현상이 아니다.

IT의 개인화 현상은 윤리적 문제를 야기한다. 신문 및 방송 등 기존

매스미디어에서는 편집자의 윤리적인 판단에 의해 정보가 제공된다. 편집자의 판단에는 시민의 책임의식을 증진시키는 목적이 내재한다. 하지만 IT 개인화는 정보의 균형을 무너뜨린다. 디저트나 정크푸드를 먹을 때 혀는 즐겁지만 우리 몸에 필요한 필수 영양소는 부족하다. 정크푸드와 같은 정보에 길들여진 이용자는 정보 판단력이 흐려질 수 있다. 구글의 에릭 슈미츠는 "이제 이용자들은 자신들에게 맞춰진 정보가 아니면 보기 힘들 것"이라고 언급하기도 했다.

개인에게 최적화된 정보는 당신의 생각과 유사하고, 당신이 재미있어하는 것들만 보여준다. 다소 불편함을 느끼거나 도전적일 수 있는 정보는 눈에 띄지 않도록 차단된다. 당신과 생각이 다른 사람들, 관심은 없지만 반드시 알아야 하는 정보 또한 제거된다. 그렇게 웹은 당신이 좋아하고, 편하게 생각하고, 익숙함을 느끼는 것을 찾아준다. 새로움마저도 당신의 세계 안에서 허용될 수 있는 것만 선별하여 가져다준다.

지금도 웹은 당신이 클릭한 기사와 사진을 통해 당신을 파악하고, 그것으로 당신의 정체성까지 만들어주려고 분주하게 움직이고 있다. 당신의 정체성이 완벽하게 만들어진 후에는 그것이 당신 스스로를 고립시키는 덫이 될 수도 있다.

2장

SNS 시대, 리딩 상품을 만드는 전략

정보의 집적보다
'관계'에 주목하라

광고는 광고로 보여지길 원치 않는다

시골에 계시는 부모님께 수시로 손주 사진을 보여드리고 싶은 A는 3G가 달린 디지털 액자를 알아봤다. 그는 일단 사용자들의 평가가 어떤지 보기 위해 네이버를 검색해보았다. 검색 결과 지식in, 블로그, 카페 등에 올라온 사용자들의 글을 볼 수 있었다. 동영상도 잘 돌아가고, 서울에 있는 사무실 PC에서 사진을 업데이트하면 1~2분 뒤 시골집에 설치된 디지털 액자에 노출이 되고, 원하는 텍스트도 문자 형태로 보낼 수 있다는 긍정적인 평가가 대부분이었다. 제품이 출시된 지 겨우 열흘 만에 인기를 얻고 있는 것에 신뢰가 간 A는 더 고민할 필요도 없이 상품 구매를 결심했다.

그런데 G마켓 홈페이지에서 그 제품이 검색되지 않았다. 공급이 부족하거나 통신사가 직접 판매할 것으로 생각한 A는 제품 홍보 페이지에 나와 있는 오프라인 매장으로 전화를 걸었다가 놀라운 사실을 알게 되었다.

대부분의 매장에는 그 제품이 없었다. 인기가 너무 많아서 일시 품절된 게 아니라, 제품의 존재 자체를 모르고 있었다. 몇몇 알고 있는 매장에서는 안 팔릴 것 같아 가져다놓지 않았다고 솔직하게 말해주었다. 3G가 탑재된 디바이스라서 요금제를 문의해봤지만, 그동안 찾는 사람이 없었던 게 사실인지 그에 대한 답변을 찾느라 분주했다. 다가오는 부모님 생신 때 드려야겠다는 마음에 포기하지 않고 10여 개 매장에 전화를 더 해봤지만 상황은 비슷했다. 재고는 처음부터 없었고, 찾는 사람도 없었다.

그제서야 그는 네이버에서 보았던 대부분의 제품 평가가 출시에 즈음하여 진행한 구전 마케팅(viral marketing)임을 깨달았다. A는 IT에 종사하고 있어 온라인상의 영화평은 믿을 게 못 된다는 것을 누구보다 잘 알고 있었다. 그럼에도 이번 경우에는 올라온 글들이 워낙 일상의 모습을 담고 있어 감쪽같이 속았다. 블로그에 올라온 사진은 노출이 맞지 않아 어둡거나 흔들린 상태였고, 심지어 Wi-Fi와 3G를 구분하지 못하는 리뷰도 있었다. 가격이 비싸다거나 기계에서 열이 난다는 등의 불평까지 섞여 있었다.

배너 광고에는 0.1초도 눈을 주지 않는 '배너맹'

인터넷 초창기에 탄생해 CTR이 78%에 달했던 배너 광고는, 이후 차츰 영향력이 줄어들면서 현재는 전체 웹사이트 평균 0.2% 정도로 추산된다. 1,000명 중 단 2명이 클릭하는 것이다. 사용자들의 행동 패턴 집적을 통해 개인별 연관도가 높은 광고를 노출하는데도 왜 이렇게 낮은 걸까?

닐슨노먼그룹의 창립자이자 웹 사용성 논의를 주도해온 제이콥 닐슨(Jacob Nilsson)은 2007년 '배너맹(Banner Blindness)'이라는 새로운 개념을 발표했다. 닐슨의 연구실은 한 가지 흥미로운 실험을 했다. 실험에 참가한 테스터들에게 웹서핑을 하도록 하고, 머리에 헤드셋을 씌워 그들의 시선이 어디에 얼마나 머무는지 파악한 것이다. 결과는 충격적이었다. 다음 그림에서 보여지듯 사람들의 시선이 콘텐츠 영역에만 머무르고, 그 외의 공간으로는 거의 가지 않았다. 특히 배너 영역에는 0.1초도 시선을 보내지 않았다. 이와 같은 결과를 두고 닐슨은 어떤 배너가 걸려 있든 그 차이를 인식하지 못하는 '배너맹'이라고 명명했다. 그는 사람들이 오랜 학습을 거쳐 자신이 필요로 하는 정보가 어디에 위치하고 있는지 파악했으며, 그 바깥의 영역은 철저히 무시하기 시작했다고 주장했다.

제이콥 닐슨이 실험한 사용자 시선 분포. 시선이 머무는 시간이 길수록 짙은 색이다(왼쪽의 긴 사각형 영역). 콘텐츠 바깥의 영역으로는 전혀 시선이 가지 않는다.

출처 : Jakob Nielsen's Alertbox, August 20, 2007

이 발표가 있기 전까지 광고업계는 사람들의 시선을 끌만한 보다 효과적인 배너 광고에 대해 많은 연구를 진행 중에 있었다. 하지만 사용자와의 연관도를 높이고 시선을 끌기 위해 노력해도 소용 없다는 것을 알게 된 이후로 광고 전략을 다시 짜야 했다.

그들은 사용자들이 찾는 콘텐츠 안에 광고가 자연스럽게 녹아날 수 있는 방법을 연구하기 시작했다. 그렇게 한다면 사람들의 시선 안으로 들어갈 수 있고, 광고임을 감춘 채로 사용자에게 접근할 수 있기 때문이다. 이렇게 해서 광고는 지식in의 답변으로, 블로그의 신변잡기식 글로, 카페에 남기는 수다의 형태로 콘텐츠화되어 갔다. 그러나 시간이 지나면서 광고가 마구잡이로 콘텐츠 영역에 섞이자, 또다시 사용자들의 불신이 나타났다. 제품에 관한 정보가 조금이라도 담겨 있는 콘텐츠는 신뢰하지 않게 된 것이다. 검색을 통해 만나게 되는 블로그나 카페의 다양한 제품 정보 중 상당 부분은 마케팅 활동의 결과물이다. 마케터들은 사용자들의 검색 패턴을 연구한 뒤, 노출이 잘 되도록 자신들의 콘텐츠형 광고물을 검색 최적화시키고 있다.

이와 같은 상황에서 사용자들이 광고가 아닌 '정보'를 얻기 위한 최선의 방법은 무엇일까?

페이스북을 활용한 디젤의 프로모션

제품 정보를 얻기 위해 검색 엔진을 뒤지는 패턴이 여전히 강력한 가운데, 아는 사람들에게 물어보는 경향이 온라인에서 더더욱 강화되고 있다. 이제 사용자들은 마케터가 아닌 사람에게 물어보고, 특히 내가 아는 사람의 평가를 신뢰하게 되었다. 그들은 특정 제품에 대한 홍보로 이익을 취하는 사람이 아니므로 솔직한 평가를 내릴 수 있는 사람이다. 또한 SNS와 스마트폰이 결합되어 언제든 실시간으로 데이터를 주고받을 수 있게 되었기 때문이다. 그러므로 마케터들은 소비자들의 지인, 즉 '아는 사람의 입'을 통해 자신의 제품을 홍보하는 방법을 찾아야 한다.

당신이 의류 전문 브랜드 회사의 마케터라고 가정해보자. 비용 부담이 높은 온라인 광고를 저렴한 비용으로 대체할 수 있는 방법이 필요하다. 구체적인 미션은 최소한의 비용으로 당신 회사의 신제품 사진을 온라인상에 많이 전파시키는 것이다. 어떤 전략을 짜겠는가?

청바지 브랜드 디젤에서 실제 진행했던 프로모션을 살펴보자. 매장 탈의실 앞에는 사람 키보다 큰 검은색 기계가 서 있다. 일명 '디젤캠'이다. 청바지를 보러온 고객은 피팅룸에서 옷을 입어보고, 디젤캠 앞에서 사진을 찍어 친구들에게 보여준다. 디젤캠에 페이스북 계정을 입력하면 실시간으로 자신의 페이스북 담벼락에 사진과 글을 올릴 수 있는 것이다. 스마트폰을 가지고 있는 그녀의 친구들은 '이 청바지 어울려보여?'라는 질문에 실시간으로 피드백을 남긴다. '엉덩이가 처져보이잖아!' '좀 더 밝은 색이 좋겠어!' '당장 사! 입고 갔던 옷은 버리라구!'……. 실시간 커뮤니케이션이 강화되면서 혼자 쇼핑을 하면서도 함께하는 효과를 얻을 수 있다. 이는 기업(매장 점원)의 전통적인 마케팅 활동(잘 어울려요, 정말 예쁘세요 등)을 크게 위축시킨다. 구매자는 온라인상의 친구들 의견을 고려하여 선택함으로써 구매 후 후회하는 일을 줄일 수 있고, 기업은 저렴한 비용으로 페이스북에 자사의 제품 사진을 무수히 올릴 수 있게 된다. 디젤의 이 프로모션은 떨어져 있는 친구에게 실시간으로 물어가며 구매하는 사용 패턴의 변화를 적극적으로 활용한 것이다.

디젤캠에 자신의 페이스북 계정을 입력하면, 실시간으로 사진과 글을 올릴 수 있다.

기업이 아닌, 사람에게 묻는다

제품을 구매할 때만 '관계'를 가진 사람들에게 묻는 건 아니다. 정보를 얻을 때도 마찬가지다. 나의 관심사는 일본 문학, 중국 경제, 국내 정치, 골프, 테니스, 공연 문화 그리고 당연히 IT 소식이다. 그렇다 보니 관련 소식을 얻기 위해 비즈니스위크, 테크크런치에서부터 한국경제, ESPN, 인터파크까지 여러 사이트를 돌아다닌다.

그런데 날마다 상당한 시간을 소비하는 것은 둘째 치더라도, 그 과정에서 굉장한 노이즈가 생긴다. 먼저, 국내 정치 뉴스를 살펴보러 들어간 사이트에서는 '숨 막히는 뒤태'나 '나는 가수다, PD 가장 먼저 탈락'류의 가십성 기사가 끊임없이 눈을 현혹한다. 두 번째 노이즈는 하루 2시간 이상 국내외 뉴스 사이트를 돌면서 읽는 100여 개의 뉴스 중 나에게 유의미한 정보는 4~5개밖에 되지 않는다는 것이다. 워낙 방대한 양의 정보가 쏟아지다 보니 내게 유용한 정보를 걸러내는 데도 오랜 시간이 걸린다.

요즘 나는 그 시간을 트위터를 팔로잉함으로써 하루 30분 정도로 줄였다. 트위터에서 관련 정보를 수시로 올려주는 사람들을 팔로잉하여 그 사람들을 통해 정보를 선택해나가는 것이다(나의 경우 IT 뉴스는 @chanjin, @mjasay, @oojoo, @hongss* 등을 팔로우한다). 그럼으로

> *해외(미국 중심) tech experts의 트위터 계정 추천 리스트(http://goo.gl/0fyFl) 참고.

써 나는 많은 사이트들을 돌아다니면서 IT 뉴스를 읽을 필요가 없어졌다. 내가 팔로잉한 사람들이 수많은 정보 중 유의미한 정보를 취사선택하여 트위터에 올려주기 때문이다. 이것은 그동안 언론사나 기업에게 묻던 방식에서 사람에게 묻는 방식으로 변화되었음을 의미한다. 또한 나는 관심 분야의 계정을 리스트로 분류하여 틈틈이 IT 뉴스나 친구들 소식, 국내 정치 관련 뉴스 등을 나누어본다. 각 분야의 정보 수집 비서를 무료로 고용한 셈이다. 트위터를 SNS가 아니라 '정보 스트리밍 서비스(Information Streaming Service)'라고 부르는 것은 바로 이와 같은 이유에서다.

각 포털 사이트의 영화 감상평과 파워블로거들의 제품 리뷰는 점차 신뢰를 잃어가고 있다. 언론사 사이트에 직접 방문하는 유저보다 SNS에서 내가 팔로잉한 사람이 퍼트린 URL을 타고 해당 기사로 들어가는 유저도 증가 추세에 있다. 이는 웹2.0 시대에 부흥했던 digg.com과 지식in, 맛집 정보나 가격 비교 사이트들의 성장가속도가 낮아지고 있는 이유와 맥락을 같이한다.

웹2.0 시대에는 참여, 공유, 개방을 통해 많은 정보를 집적한 뒤 사용자가 원하는 정보를 잘 정리해 보여주는 서비스가 IT산업을 이끌었다. 하지만 그곳의 정보량이 넘쳐나고 광고로 오염되기 시작하자, 자신과 관계를 맺은 사람들이 인정하고 추천한 정보인가라는 물음에 답할 수 있는 아키텍처가 필요해졌다. 그래서 언론사 사이트들은 앞다퉈 소셜 댓글* 시스템을 구축하고, 영화 프로모션 페이지는 Like 버튼을 넣고 있으며, 디젤 청바지 매장은 디젤캠을 설치한다. 목적은 자사 제품을 직접 홍보하지 않고, 제품에 호응하는 사용자들의 입을 통해 전파하는 것이다. 이는 기업이 아니라 사람을 통해 정보를 얻고 싶었던 오래된 바람이 스마트폰과 SNS 시대가 열리면서 시장에 적극 반영된 것이라고 할 수 있다. 그러므로 마케터는 SNS 마케팅 분야를 주목하고 적극 활용해야 한다.

> *트위터나 페이스북 등의 SNS 계정으로 로그인하여 기사 아래에 댓글을 다는 구조다. 작성한 댓글과 기사의 URL이 본인의 트위터나 페이스북에 함께 올라가 전파된다.

SNS 마케팅의
3가지 핵심 전략

웹2.0 시대의 마케팅은 '디마케팅'이다

대개의 경우 SNS 마케팅을 시작할 때, 기업 내 담당자가 트위터 팔로어나 페이스북 페이지의 팬 수를 늘리는 것부터 한다. 그리고 모아진 사람들을 대상으로 신제품에 대한 홍보나 리트윗 마케팅*을 진행한다. 이는 결국 사람을 모아놓고 기업이 떠드는 것으로, 왜 SNS 마케팅이 부각되고 있는지조차 이해하지 못한

---

* 리트윗이란 내가 팔로잉한 사람이 쓴 글을 나의 팔로어들에게 재전송하는 것을 말한다. 짜파게티 회사가 자신의 트위터에 "일요일엔 짜파게티 먹는 날! 이 문장을 리트윗해주시면 매주 10명 1박스!"라는 글을 일요일 아침에 올린다. 이벤트에 참여하는 사용자들이 이 글에 '리트윗' 버튼을 클릭하면, 자신의 팔로어 모두에게 이 글이 그대로 노출된다. 몇 사람만 리트윗해도 그들의 팔로어들에게 전파되고, 이것이 그들에 의해 다시 리트윗된다. 놀라운 속도의 강한 전파력을 가진 마케팅 방법 중 하나다.

기업 활동이다.

　SNS 마케팅의 핵심은 기업이나 서비스에 대한 긍정적 이야기가 사용자들의 입을 타고 구전되도록 만드는 일이다. 때문에 기업의 마케팅을 피해 SNS에서 정보를 얻고자 하는 사용자를 대상으로 팔로어를 늘리고 리트윗 마케팅을 진행하는 것은 오히려 디마케팅(Demarketing : 고객 이탈을 부추기는 잘못된 마케팅)에 가깝다. 더 엄밀히 말하면 SNS상에서 기업이 자사 제품에 대해 이야기하는 것은, 블로그나 지식in에 홍보 글을 정보인양 올리는 것보다 더 성가신 노이즈가 된다. 지식in과 블로그 글은 안 보면 그만이지만, SNS상에서 기업 계정이 글을 쓰거나 리트윗 마케팅을 하면 그와 관계 맺은 모든 사람들의 타임라인에 올라가게 된다. 내 타임라인을 누군가 광고로 도배한다면 당연히 역효과가 일어날 것이다. 이처럼 리트윗 마케팅은 잘못하면 효과가 없는 것을 넘어 위험할 수도 있다.

　그렇다면 사람들은 언제 리트윗을 통해 당신의 글을 전파할까?

트위터에서 구전 효과가 일어날 때

- 팔로어를 늘리고 싶지만 유의미한 콘텐츠를 직접 창작하기는 힘들 때
- 다른 사람들의 원문에 의견을 달고 싶을 때

- 누군가의 트윗에 공개적인 지지를 보내고 싶을 때
- 누군가 쓴 트윗을 널리 알려 사회적으로 고발하고자 할 때
- 팔로어들에게 즐거움이나 정보를 주고 싶을 때
- 잘 알려지지 않은 사람이나 글을 알려지게 하고 싶을 때
- 리트윗 마케팅에 참여하기 위해
- 자신의 계정에 올려두고 싶은 트윗을 만났을 때
  ('즐겨찾기'와 유사한 니즈)

사람들이 바이럴하게 전파하는 콘텐츠는 기본적으로 팔로어나 페이스북 친구들에게 정보 또는 어떤 감흥을 줄 수 있는 것이어야 한다. 이를 위해서 기업은 다음의 3가지 마케팅 전략을 가질 필요가 있다.

첫째, 사용자들에게 짜릿한 경험을 제공하라!

트위터가 국내에서 대중적 인기를 얻기 시작한 2010년 3월. 홍대에서 와인과 곱창을 파는 한 가게가 당시로선 대단히 파격적인 이벤트를 진행했다.

"트위터 팔로어 1명당 10원 할인!"

내 팔로어가 1,000명이면 1만 원을, 1만 명이면 10만 원을 할인해주는 행사였다. 만약 팔로어 수가 많은 소설가 이외수(당시 10만 명)나 피겨 여왕 김연아(당시 13만 명)가 방문하면 할인은커녕 오히려 돈을 내줘야 할지도 모른다. 가게 주인은 무슨 생각으로 이벤트를 진행했을까?

이 이벤트의 효용을 따지기 위해 대조군을 하나 가져와보자. 지하철역 주변에서 식당 홍보 리플렛을 배포하는 할머니가 있다. 오전 11시부터 오후 8시까지 식사 시간을 제외하고 8시간 동안 이 할머니가 배포할 수 있는 리플렛은 많게는 500장, 비나 바람이 몰아친다면 200장을 넘기기도 힘들다. 할머니의 인건비는 4만 원. 리플렛 500장에 대한 제작비용이 1만 원일 경우, 배포된 500장의 리플렛은 건당 100원의 비용이 든 셈이다. 리플렛을 받은 사람 중 몇 명이나 내용을 읽어볼까? 또 몇 사람이나 가게에 방문할까? 대부분은 읽어보지도 않고 버릴 게 뻔하다.

반면, 500명의 팔로어를 가진 사람에게 5,000원을 할인해주었을 때는 어떻게 될까? 할인받은 사람이 트위터에 글을 올리면 기본적으로 모든 팔로어에게 글이 전파되기 때문에 건당 10원의 마케팅비용으로 가게를 홍보한 셈이 된다. 팔로어들의 리트윗까지 감안한다면 절대적인 비용은 훨씬 줄어들고, 도달 범위는 비약적으로 넓어진다.

전환율 측면에서 봤을 때는 어떨까? 길거리에서 받은 리플렛 문구를 신뢰하는 사람은 많지 않다. 반면 트위터상의 팔로어들은 일단 내가 누군가를 팔로잉한다는 것(관계) 자체가 그 사람이 올리는 글을 읽을 의도가 있다는 뜻이다. 누군가 "어, 진짜 팔로어 1명당 10원 할인되네! 맛도 괜찮아~홍대곱창!!"이라고 올렸다고 하자. 리플렛에 담긴 수많은 광고 문구보다 훨씬 짧은 문장임에도 그의 팔로어들에게 미치는 영향은 리플렛에 비할 게 아니다. 이 맛집의 마케팅은 효율적이었고, 실제 대박을 터뜨렸다.

이런 식의 SNS 마케팅은 [브랜드 인지 → 친숙(동경, 니즈 유발) → 구매 고려 → 구매 → 충성고객화]의 '소비자 성숙 5단계'에서 브랜드 인지 효율을 극대화시키고, 구매 고려에서 구매로 이어지는 핵심적인 역할을 하게 된다.

전파력이 강한 사용자(팔로어가 많은 사용자)에게 즐거운 경험을 선사하라. 그들은 자신의 경험을 공유하기 위해 기꺼이 좋은 글을 쓸 것이고, 그 글은 관계망을 통해 널리 퍼질 것이다.

2010년 큰 화제를 불러일으켰던 코카콜라 이벤트에도 비슷한 전략이 담겨 있다. 코카콜라 빌리지에서 환상적인 2박 3일의 휴가를 보낼 소년소녀들을 뽑는 이 이벤트의 마케팅 효과는 어느 해보다 대단했다.

일반적으로 이벤트에 대한 사회적 주목은 전형적인 '터키커브(Turkey Curve)'를 그린다. 터키커브란 크리스마스 시즌의 칠면조 가격 변동 그래프로, 급격한 상승을 보이던 그래프가 어느 한순간(크리스마스 이브 저녁 식사 시간 직후) 고꾸라지는 걸 말한다. 그동안 꾸준히 진행해왔던 코카콜라 빌리지 이벤트 역시 당첨자를 뽑는 순간까지 관심이 고조되다가 발표 순간 눈 녹듯 사라졌다. 그런데 2010년에는 이벤트에 대한 사회적 관심이 오랫동안 지속되었다. 당첨자들의 코카콜라 빌리지에서의 일상이 끊임없이 페이스북에 올려지면서 흥미를 유발했던 것이다.

코카콜라 빌리지의 시스템

- 코카콜라 빌리지에 들어온 당첨자들에게 각자의 페이스북 아이디와 패스워드가 저장되어 있는 RFID 팔찌를 나누어준다.
- 빌리지의 거점마다 'Like'라고 적혀 있는 RFID 리더기를 설치한다.
- 당첨자들이 수영장에서 물놀이를 하다가 리더기에 팔찌를 가져다대면, "OO님은 현재 코카콜라 빌리지에서 수영을 즐기고 계십니다!"라는 류의 글이 페이스북 코카콜라 페이지와 자신의 담벼락에 실시간으로 올라간다. 수영장, 당구장, 농구장, 댄스파티, 숙소 등 곳곳에 이 리더기가 설치되어 있다.
- 또는 같은 방법으로 태그(tag)를 걸 수도 있다. 거점마다 있는 사진사 앞에서 사진을 찍고 팔찌를 리더기에 읽히면, 곧바로 자신의 페이스북에 사진이 올라간다.

오프라인에서 어떤 활동을 하는 동안 실제 모습 또는 감상을 SNS상에 올리려면 PC 앞으로 가거나 휴대폰을 만지작거리는 등 진행 중인 활동을 멈추어야 했다. 이러한 불편함을 없애기 위해 코카콜라 빌리지 이벤트는 위와 같은 시스템을 갖춰, 참가자들이 활동을 중단하지 않고도 즐거운 상태 그대로를 SNS로 전파시킬 수 있게 했다. 오프라인 활동을 끊김없이 온라인화시킨 최초의 시도였다. 이 방법으로 매일 3만 5,000개 이상의 코카콜라 관련 포스트가 페이스북에 올라갔고, 뉴스피드를 통해 전 세계로 전파되었다.

코카콜라의 이벤트 역시 홍대 곱창집 사례처럼 전파력이 강한 사용자에게 제품이나 서비스에 대한 즐거운 경험을 선사하는 데서 시작한다. 맛은 물론 팔로어 수에 따라 할인을 받는 것과 수천 명의 학생들이

2박 3일 동안 즐긴 파티 경험은 어색한 리트윗 마케팅 없이도 이야기를 전파하도록 만들기에 충분했다.

팔로어가 많은 트위터 이용자, SNS를 적극적으로 사용하는 10대 청소년, 수다스러운 30~40대 주부 등 전파력이 강한 사람들을 찾아 그들이 만끽할 즐거운 경험을 기획해보자!

둘째, 제품의 특성을 감춘 이슈를 기획하라!

따분하고 뻔한 정보는 절대로 전파되지 않는다. 제품이나 서비스와 직접적인 관계가 없어도 좋다. 오히려 없을수록 좋다. 제품에 대한 이야기가 많이 등장할수록 전파되기 힘들다는 것을 반드시 기억해야 한다. 제품의 특성에서 시작하는 이슈메이킹은 더 이상 힘이 없다. 공략하고자 하는 타깃과 현재 시즌이 주목하는 것에서 이슈를 뽑아내고, 그 위에 서비스와 브랜드를 숨기듯 얹혀 놓아야 한다.

대표적인 2가지 사례가 있다. 다시 한 번 코카콜라의 한 이벤트를 살펴보자.

코카콜라는 퀸즈에 있는 세인트존스대학에 몰래카메라 5대를 설치했다. 그리고 다음 날부터 자판기에서 콜라를 뽑으면 한 캔이 더 나오게 한 후, 미리 설치해둔 카메라로 학생들의 반응을 담았다. 공짜로 한 캔을 얻게 된 학생들은 지나가는 친구에게 나누어주면서 좋아했다. 그런 일이 몇 번 반복되면서 사람들이 몰려들자, 이번에는 콜라와 함께 예쁜 티셔츠가 등장했다. 분위기는 한껏 고조되었고, 뒤이어 피자, 풍선인형 등 온갖 깜찍한 선물이 쏟아졌다. 급기야 자판기 아래에서 10미터쯤 되는 거대한 샌드위치가 나오자(자판기는 벽면 뒤편의 방과 연결되어 있었다) 모두들 방방 뛰며 즐거워했다. 며칠 뒤 이 모든 영상이 유튜브에 올려졌다. 이 영상은 사람들의 관심을 한몸에 받았고, "다음 번 행복이 찾아가는 곳은 어디일까요? 이 영상과 함께 행복을 나눠보세요!(Share the happiness, Share the video)"라는 마지막 문구로 사람들이 기꺼이 이 영상을 전파하도록 만들었다. 현재까지 약 4,000만 명이 이 영상을 보았다.

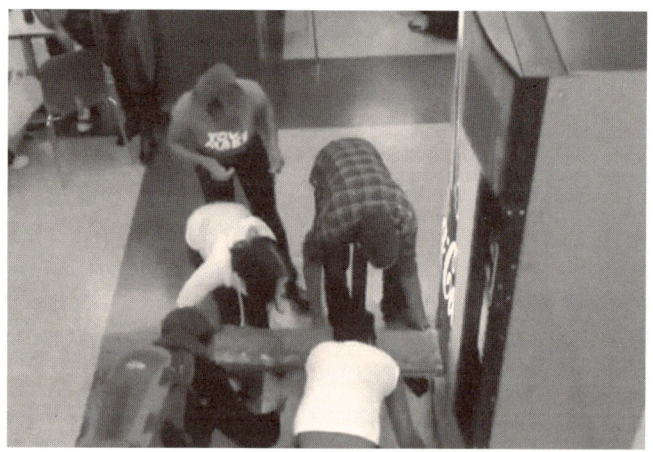

가격, 기능, 디자인 등 제품의 특성을 강조함으로써 사람들의 머릿속에 더 강한 이미지를 남기는 마케팅은 틀린 방법이 아니다. 하지만 SNS 마케팅에서는 좋지 않은 방식이다. 그것은 혼잣말과 같다. 아무도 리트윗하지 않고, 아무도 Like해주지 않는다. 즉, 공유 및 전파되지 않는 것이다.

한 가지 사례를 더 보자.

모든 축구팬들이 열광하는 AC 밀란과 레알 마드리드의 챔피언스리그가 있는 날, 유명 맥주 회사 하이네켄이 클래식 콘서트를 개최했다. 그리고 교수, 회사의 임원, 커플인 여성을 선별하여 그들의 학생, 직원, 남자 친구를 콘서트에 데리고 오도록 설득했다. 초대받은 사람들은 모두 엄청난 축구팬들이었지만, 관계상 거절하기 쉽지 않아 초대에 응할 수밖에 없었다. 어쩔 수 없이 콘서트장에 온 축구팬들의 표정은 밝지 않았다.

잠시 후 그들의 예상만큼이나 지루한 콘서트가 시작되었다. 15분쯤 지나자 조는 사람도 있고, 곳곳에서 한숨이 새어나오기도 했다. 그들의 머릿속은 온통 곧 시작될 챔피언스리그로 채워져 있었다. 그런데, 빨리 끝나기 만을 바라는 그들 앞의 커다란 스크린 위로 어느 순간 다음과 같은 자막이 떴다.

"NO라고 말하기 힘들죠? 교수님이나 상사, 여자 친구들에겐 더더욱 말입니다!"

여기저기서 쿡쿡 웃음이 새어나왔다.

"우리가 어떻게 이런 경기를 안 볼 수 있겠습니까?"

갑자기 클래식 음악 대신 챔피언스리그 주제곡이 울려퍼졌다. 사람들의 웅성거림이 환호로 바뀌었다. 스크린 가득 하이네켄의 녹색 맥주병이 보이더니, 이내 스타디움으로 입장하고 있는 AC 밀란과 레알 마드리드 선수들의 모습이 대형 스크린을 가득 채웠다. 완벽한 반전에 조용했던 콘서트장이 떠들썩한 축제 분위기가 되었다.

유튜브에 올려진 이 영상은 3,000만 명이 넘는 사람들에게 전파되었다. 하이네켄은 챔피언스리그가 펼쳐지는 '시즌'과 축구 경기를 볼 때 맥주를 즐겨 마시는 '타깃'에 주목했다. 어떻게 하면 제품의 가격, 맛, 품질을 고객에게 어필할까는 고민하지 않았다. 어떻게 하면 타깃 고객을 지금 이 시즌에 감동시킬 수 있을지 고민했다. 제품의 특징이 아닌 유저와 시즌이 주목할 만한 이슈를 찾아야 폭발적으로 전파될 수 있기 때문이다. 하이네켄 광고 담당 이사는 "제품을 감추고 사람들을 행복하게 만드는 이벤트를 진행한 결과 사람들은 거리낌 없이 하이네켄이 부여한 행복한 경험을 여기저기 떠들고 다녔다. 그리고 이런 에피소드들은 외부의 사람들에게도 훌륭한 콘텐츠가 되어 SNS상에 끝없이 전파되는 걸 확인할 수 있었다."고 말했다.

지금까지 SNS 마케팅의 두 번째 특징인 제품과 상관없는 이슈를 만든 성공 사례를 살펴봤다. 이번에는 같은 이유로 실패한 사례를 보자.

한 파워블로거가 삼성전자의 갤럭시S2 사용 리뷰를 단점 중심으로 올린 일이 있었다. 갤럭시S2의 광고를 맡은 제일기획은 명예훼손이라는 이유로 네이버에 해당 글 삭제를 요청했고, 실제로 삭제가 되었다.

제일기획이 조명탄을 쏘아올리지만 않았다면, 해당 게시물은 많은 사람들에게 부정적인 영향을 미치지 않았을 수도 있다. 하지만 '게시물 삭제'는 그 자체로 이슈가 되었고, 사람들의 호기심을 유발했다. 원본을 찾는 사람들이 점점 더 늘어났으며, 더 많은 사람들에게 전파되고 공유되었다.

제일기획의 대응에는 SNS 시대에 걸맞지 않는 2가지 패착이 있었다. 우선, 인터넷 여론 형성 주체인 파워블로거를 회사의 적으로 만든 일은 무모했다. 제품에 대한 부정적 리뷰는 보다 많은 긍정적 리뷰로 대응했어야 했다. 그 파워블로거가 올린 갤럭시S2의 단점이 사실인지 아닌지가 이슈였다면, 그 정도의 상당한 전파력을 갖지는 못했을 것이다. 사람들을 자극한 것은 제품의 단점이 아니라 '리뷰 삭제의 몰지각'이었다. 이후 제품과 브랜드에 대한 부정적 글이 끊임없이 재생산되었고, 전파력도 강해졌다.

마케팅은 제품이 가진 특성을 강조하는 방향으로 진화해왔다. 그래서 '지하 500미터, 천연암반수로 만든 거품이 맛있는 맥주' 같은 광고 카피가 나왔다. 매스미디어를 시청하는 집중력 약한 다수의 사람들에게 전달하는 것이기에, 분명한 메시지를 반복적으로 전송해야 했기 때문이다. 하지만 이러한 마케팅 방식은 단맛에 열광하는 현대인의 원시적 습성과 같다. 원시 자연 상태에서는 당분을 섭취할 기회가 극히 드물었다. 그래서 우리 조상들은 어쩌다 단맛의 음식을 만나게 되면 체내 축적을 위해 우선적으로 섭취해야 했다. 그런 진화적 에너지가 지금까지 이어져 현대인들은 필요 이상의 당분을 섭취하며 스스로의 몸을 고도비만으로 만들어가고 있는 것이다. 이와 같이 시대가 바뀌면서 우리를 살렸던 오래된 습관이 오히려 병을 만드는 수가 있다. 매스미디어 시대의 생존 전략인 '제품의 특성에 기반한 구체적 메시지'라는 광고 전략은, SNS 시대에 스팸이 될 뿐이다. 지금은 타깃 그룹에게 전파력이 강한 콘텐츠(경험)를 기획하는 것이 핵심이다. 그리고 그 안에 제품을 감추듯 배치해야 한다.

셋째, 중간 전파자를 스패머로 만들지 마라!

내가 트위터를 막 시작했을 때의 일이다. 나는 트위터의 기능을 모두 확인한 다음, 그 플랫폼에서 어떤 마케팅 활동이 일어나고 있는지 찾아봤다. 당시에는 리트윗 마케팅이 많았다. "OO백화점 계정을 팔로잉하시고 리트윗해주신 분 중 매일 1분께 10만 원 상품권을 드립니다"류의 것들이었다. 나는 테스트 삼아 몇 개의 마케팅에 참여했다. 그리고 얼마 뒤 한 지인이 올린 트윗을 보게 되었다.

"남의 집 앞에 쓰레기 버리는 놈이나, 경품 받으려고 리트윗으로 내 타임라인 도배하는 놈이나……"

기업의 마케팅 활동을 1차적으로 직접 접하고, 이를 2차 대상자에게 전달하는 사람들을 '중간 전파자'라고 부른다. 중간 전파자들이 많을수록 마케팅 효율이 극대화된다. 기업 활동이 단 100명에게만 영향을 미쳐도, 그들이 각자의 100명에게 전파하면 1만 명의 사람들에게 전파할 수 있기 때문이다. 기업들이 파워블로거들의 활동에 귀 기울이고 적극적인 후원을 아끼지 않는 이유가 여기에 있다.

그런데 단순히 경품을 받으려는 목적만으로 리트윗하게 하는 마케팅은 중간 전파자를 스패머로 만들어버린다. 2차 대상자에게 전달되는 정보나 감흥이 전혀 없는 콘텐츠이기 때문이다. 이것이 반복되면 그들의 팔로어가 줄어들게 된다. 즉, 기업 마케팅에 적극 참여해준 중간 전파자의 사회적 발언력이 크게 위축되는 것이다. 이를 본 사용자들이 점차 기업의 마케팅 활동에 참여하지 않게 되는 것은 당연지사다.

어떻게 하면 중간 전파자의 마케팅 참여를 극대화하면서 받아들이는 사람에게도 스팸이라는 느낌을 주지 않을 수 있을까? 이제부터는 광고 콘텐츠를 기획하는 실질적 방법에 대해 알아보자.

전파력 강한 콘텐츠를 만드는 3가지 방법

리트윗 마케팅은 독이 될 수도 있다

광고업계가 리트윗 마케팅이 오히려 제품 이미지를 훼손시킬 수 있다는 사실을 깨닫기까지는 오래 걸리지 않았다. 관계자임을 감춘 상태로 친구와 팔로어를 모은 뒤, 제품에 대한 긍정적인 이야기를 퍼뜨려도 효과는 지지부진했다. 매스미디어 광고와 달라서 인기스타를 활용해도 마찬가지였다. 그들은 SNS에 적합한 광고 전략이 필요했고, 전파력이 강하면서도 2차 대상자에게 스팸으로 보이지 않을 광고를 만들기 위해 많은 연구를 해야 했다.

나는 리트윗이 잘되는 콘텐츠들을 분석하고, 도달 범위가 넓은 트윗들을 오랫동안 관찰했다. 그 결과 다음과 같은 3가지 방식의 광고가 SNS상에서 효과적임을 알 수 있었다.

> **SNS상에서 효과적인 3가지 광고 방식**
>
> - 공익 활동으로 마케팅을 포장해야 한다.
> - 기업의 긍정성이 제3자의 '이야기' 속에 숨어 있어야 한다.
> - 2차 대상자에게 유의미한 정보 속에 기업의 긍정성이 들어 있어야 한다.

첫째, 공익 활동으로 포장하기

미국 최대의 스포츠 경기이자 최고의 TV 광고 축제인 '슈퍼볼(The Super bowl)'. 집중력 높은 1억 명의 시청자가 지켜보는 만큼 사람들의 즉각적인 관심을 만들어내는 데 손색이 없다. 비용 또한 엄청나 한 시즌에 250만 달러 내외의 광고비를 내야 노출이 가능하다. 그런데 신디 크로포드, 브리트니 스피어스 등을 대동하며 23년 간 슈퍼볼 광고전에 참가해왔던 펩시(Pepsi) 광고를 2010년에는 볼 수 없었다. 막대한 매스미디어 광고비의 일부분만 SNS 마케팅에 투자해도 그 이상의 사회적 파장을 만들어낼 수 있다는 펩시의 자신감 때문이었다.

펩시는 도메인이 'Refresheverything.com'인 소셜 사이트를 개설했다. 세상을 바꾸는 아이디어를 모으고, 투표를 통해 선정된 아이디어를 펩시가 후원하는 사이트다. 비행기 값이 없어 지난 3년 간 전화 통화만으로 안부를 물어온 두 부부의 이야기는 5,000달러의 후원을 받았고, 노인들만 사는 자신의 고향 마을에 경로당을 지어달라는 제안에는 10만 달러, 걸프만 기름 유출 사고로 피해를 입은 사람들을 위해 300여 개의 주택을 재건하자는 제안에는 무려 25만 달러가 후원되었다.

아이디어 제공자는 투표를 많이 받기 위해 SNS상에 내용을 전파하고, 흥미로운 영상 콘텐츠를 직접 제작해서 올림으로써 관심을 끌었다. 사용자들은 페이스북이나 트위터 계정으로 로그인하여 수많은 제안 중 하루 5개까지 투표할 수 있다. 이때 투표 사실이 본인의 담벼락에 "OO님은 멕시코만 재건을 위한 뜻에 동참하셨습니다. 세상이 보다 나은 곳으로 바뀌고 있습니다."와 같이 올려진다. 투표만으로도 해당 제안을 SNS상에 전파시키게 되는 것이다.

다양한 아이디어와 투표 이야기는 펩시 로고와 브랜드명과 함께 엄청나게 노출된다. 사람들은 펩시가 타임라인에 빈번하게 노출되어도 스팸이라고 생각하지 않는다. 세상을 좀 더 나은 곳으로 만들고자 하는 사람들의 진정성이 담겨 있는 콘텐츠이기 때문이다. 이로써 펩시는 자신을 마음껏 홍보하면서도 좋은 사람들의 활동을 후원하는 '키다리 아저씨'가 되고, 중간 전파자도 콘텐츠를 퍼뜨리는 데 부담이 없다.

일반적으로 기부와 같은 공익 활동은 전파력이 강한 콘텐츠를 만드는 가장 손쉬운 포장이긴 하지만, 진정성과 영혼이 없다면 스팸으로 전

락한다. 한 예로 마이크로소프트의 공익 마케팅을 살펴보자.

"For every Retweet, @Bing will give $1 to Japan quake victims, up to $100K."

마이크로소프트의 검색 엔진 빙은 위의 글을 리트윗하는 숫자에 1달러를 곱해 일본의 지진 피해자들에게 기부하겠다고 약속하면서, 10만 달러를 상한선으로 두었다. 그러나 이 이벤트는 시작한 지 며칠 만에 본사의 공식 사과와 함께 내려졌다. 전 세계 네티즌들로부터 혹독한 질타를 받았기 때문이다. 사람들은 일본 지진을 마케팅에 이용하는 신종 '재난 마케팅'이라며 비난했고, 글로벌 대기업이 이렇게 큰 참사에 고작 10만 달러를 기부하기 위해 이벤트를 벌인다며 분노했다.

펩시와 마이크로소프트사의 마케팅에는 어떤 차이가 있을까? 기업 규모에 맞지 않는 상한선을 둠으로써 진정성을 의심하게 한 것도 크지만, 그보다 더 분명한 이유가 있다. 펩시의 프로모션에 참여하면 참여자에 따라 전파하는 콘텐츠가 달라진다. 무수한 제안들 중 사람들이 투표한 내용이 다 같을 수 없기 때문이다. 하지만 빙의 리트윗 마케팅은 누가 참여해도 똑같은 문장만을 반복 전파하게 된다. 영혼 없는 스팸으로 느껴지는 건 당연하다.

둘째, 아마추어처럼 스토리텔링하기

한동안 리트윗 상위권에 머물렀던 '삼양라면의 진실'이라는 콘텐츠가 있다('@jeong92'라는 분이 처음 공유한 것으로 알려져 있다). 기아에 허덕이는 국민들을 위해 일본에서 어렵사리 라면 제조 기술을 전수해온 삼양식품의 전중윤 사장 이야기로 시작된다.

전중윤 사장은 당시 국민들에게 가장 부족했던 단백질을 보충하기 위해 소고기를 원료로 한 스프를 쓰고, 식물성 팜유가 아닌 값 비싼 소 우지로 면을 튀겼다고 한다. 5년 간 이어진 적자로 기업 재정 상태가 악화되었지만, 처음 가졌던 목표에 충실하여 가격을 올리지 않았다. 그러다가 80년대 말, 검찰의 무지로 인해 공업용 우지 파동 사건이 터졌고, 삼양라면은 이 때문에 망하기 직전까지 갔다가, 대법원에서 무죄 판결을 받았다.

시종일관 담담한 어조로 써내려간 글의 마지막은 이렇게 끝난다.

"67년 당시 창업주 전중윤 사장이 남대문을 걷다가 꿀꿀이 죽이라도 얻어먹으려고 기다리던 가난한 어린이들을 보고 그 자리에 주저앉아 한참 동안 눈물을 흘린 후 배고픔을 해결하기 위해 그 잘 나가던 제일생명을 팔고 그 돈으로 일본에 구걸하여 기술을 이전 받아 만든 대한민국 유일한 양심적 먹거리 기업이기 때문이다. 이 나라에서 번 돈을 죄다 일본으로 가져가는 그리고 정경유착의 한가운데 서 있는… 그딴 양심불량 기업이 아닌….”

이 글이 삼양의 기업 활동인지 내·외부의 충성 인사 또는 고객이 개인적으로 쓴 것인지는 알 수 없지만, SNS 마케팅의 두 번째 핵심을 정확하게 보여주고 있다. 기업이 하고 싶은 말을 제3자로 보이는 사람이 스토리텔링(Story telling) 기법으로 전달하는 것이다.

'어른들을 위한 장난감, 펀샵(funshop)'의 제품 설명 방식도 스토리텔링을 활용했다. 맥가이버 칼 사진 밑에는 '정의롭게 쓰여질 것 같은 인상과 구조'라는 제품명을 붙이고, 모기 퇴치 스프레이에는 '나는 너의 먹이가 아니다', 트럼프 모양의 커프스 링크에는 '승부 근성이 있어 보이네'라고 써놓았다. 제품명보다 이야기를 전면에 내세운 독특한 설명 방식이다. 펀샵은 이러한 마케팅을 통해 오랫동안 두터운 층의 충성 고객을 모을 수 있었다.

위의 두 경우는 많은 기업들이 프로페셔널하지 않다는 이유로 기피해왔던 마케팅 방식이다.
가격, 특징, 기능은 제품의 매우 중요한 요소이긴 하지만, 사용자들의 감성을 움직일 수 있는 것은, '이야기'다. 재미있고 흥미로운 이야기를 가진 제품은 품질이 우수한 경쟁사 제품보다 훨씬 매력적일 수 있다. '삼양라면의 진실'에서 맛이나 가격 얘기는 전혀 나오지 않았지만, 이 글을 읽은 많은 사람들이 삼양라면을 먹기 시작했다.

SNS상에서 바이럴하게 구전되는 데도 이야기 형식이 좋다. 강력한 접착제를 만들려다 실패한 3M이, 쉽게 떨어지는 그 접착력을 활용하여 흔적 없이 붙였다 뗄 수 있는 포스트잇을 만들었다는 이야기처럼 말이다.

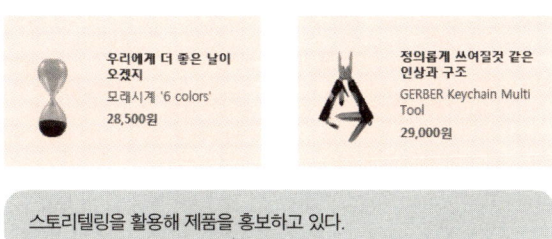

스토리텔링을 활용해 제품을 홍보하고 있다.

셋째, 유용한 정보 속에 긍정성 담기

사용자에게 유용한 정보 속에 자사의 제품 이야기를 끼워넣는 방식이다. 위치 기반 소개팅 어플리케이션 '다만나'를 만들었다고 가정해보자. 대개의 경우 홍보를 위해 보도자료를 많이 배포한 다음, '다만나'에 대한 뉴스 검색 결과가 많은 것으로 만족할 것이다. 하지만 이는 '다만나'를 검색해보는 관계자들에게만 노출될 뿐, 그렇지 않은 모든 사람들에게 전혀 영향을 미치지 못하는 자기만족형 홍보다.

사용자에게 전파되게 하기 위해서는 그들에게 유용한 정보를 담고 있어야 한다. 예를 들어 '스마트폰 스타터를 위한 필수 어플 TOP 10'이라는 타이틀로 칼럼 형식의 글을 쓰면서, 자사 제품 이야기를 끼워넣는 것이다. 1~3위까지는 누구나 인정할 만한 어플과 그에 대한 적당한 코멘트를 단다. 그리고 4위에 '다만나'를 올려놓는다. '아직 많이 알려지진 않았지만 부담 없는 만남을 원하는 스마트한 싱글 여성들 사이에서 인기를 높여가고 있는 소개팅 서비스'라는 식으로 소개한다면, 남성 사용자들이 대거 몰려들게 될 것이다. 5위부터는 다시 잘나가는 서비스를 소개한다.

형식면에서는 위의 내용을 한 장짜리 예쁜 도표로 만들어주는 것이 좋다. 특히 예쁘면서도 아마추어의 느낌을 내는 것이 중요하다. 전문가의 손길이 느껴지면 홍보 활동으로 의심받을 수 있기 때문이다. 기업이 처음부터 끝까지 자사 제품을 설명한 보도자료는 SNS상에 전파되지 않지만, 이처럼 유용한 정보 속에 자사 제품을 살짝 얹혀놓으면 사용자들을 위한 팁으로 인식되어 트위터와 페이스북을 타고 쉽게 전파될 수 있다.

현재의 소셜커머스는 살아남을 수 없다

시장에 만연한 주체들의 불만족

현재 국내에는 100여 개의 소셜커머스 업체가 있다. SNS 붐을 타고 우후죽순 생겨난 이 업체들의 절반은 개점휴업 상태다. 선두 업체들의 상황도 좋지 않다. 출혈 경쟁이 심각한 수준이라, 수익은 고사하고 유동성 위기를 운운하는 시장 예측이 속출하고 있다.

이들 소셜커머스들을 들여다보면 하나같이 반값 공동 구매 모델뿐이다. 서비스 모델이 동일하고 차별성이 없다 보니 경쟁력이라고는 누가 더 열심히 발품을 파느냐에 달려 있고, 이는 영업 전쟁으로 이어져 수수료 할인 경쟁에 열을 올리고 있다. 워커힐 포시즌 호텔에 A 업체가 15%의 수수료를 제안하면, B 업체는 13%로, 이어지는 C와 D 업체는 더 적은 수수료를 제안하여 계약을 한다. 차별성이 없으니 낮은 수수료율을 경쟁력으로 삼을 수밖에 없는 것이다. 어느 사업 분야든 서비스의 차별점 없이 가격으로만 경쟁하면 공멸하게 된다. 지금의 소셜커머스 역시 이대로 가다가는 몰락할 게 분명하다.

상황이 이렇다 보니 시장은 지금 새로운 사업 아이디어로 무장한 소셜커머스 업체를 기다리고 있다. 이제부터는 소셜커머스 주체들의 불만족을 알아보고, 그중 핵심 미션을 뽑아 해결 방안을 고민하면서 새로운 사업 기획의 밑그림을 그려보자. 소셜커머스 사업을 하지 않아도 새로운 소셜커머스에 대한 고민은 매우 중요하다. 현 시대가 요구하는 상품 및 서비스 기획의 방향을 고스란히 담고 있기 때문이다.

업체들의 가장 큰 불만은, 소비자들의 사이트에 대한 충성도는 전혀 없고, 반값에 대한 열광만 있다는 점이다. 그래서 좋은 상품을 반값에 잘 소싱해오면 그달 매출이 높아지고, 못해오면 업체 순위에서 바로 밀려난다. 말로는 '소셜'이라고 하지만, SNS상에 널리 알려 함께 할인받으려는 소비자도 없다. 그렇다 보니 상품과 사이트를 업체가 직접 알리기 위해 매달 수십억 원의 비용을 들여 TV, 신문, 라디오 등에 광고를 한다. 소셜커머스임에도 기존 업체와 다른 게 전혀 없다.

사용자들의 불만족도 있다. 쿠폰을 사들고 여자 친구와 기념일에 매장을 방문했는데, 주인이 바뀌어 쿠폰을 안 받는 경우도 있고, 반값 손님이라고 반값 대우만 해주는 매장도 허다하다. 사용자 입장에서는 불쾌할 수밖에 없다.

멀쩡한 서비스를 하루아침에 반값에 제공한 매장 주인들의 불만족은 보다 명확하다. 가게 사장은 마케팅 용도로 반값 판매를 한 것인데 손님들은 단골로 남지 않고 반값의 혜택만 취하고 떠난다. 게다가 그들 또한 다른 손님들이 몰리는 피크 시간에 서비스를 이용하여 전체적으로 서비스 퀄리티가 떨어지기도 한다.

소셜커머스가 해결해야 할 2가지 미션

시장에 만연해 있는 사람들의 불만족은 경쟁력 있는 새로운 서비스 창조의 밑그림이 된다. 이러한 불만족들을 해결할 구체적인 미션을 2가지만 뽑아보면 다음과 같다.

Mission 1 중간 전파자를 육성하라!

사이트에 올린 상품을 전파하는 중간 전파자가 많으면 많을수록 매달 수십억 원의 마케팅비용을 절감할 수 있다. 원가가 낮은 만큼 경쟁사보다 낮은 수수료를 제안할 수 있어 기업 경쟁력이 올라간다. 중간 전파자를 만들어내기 위해서는, SNS상에 해당 콘텐츠를 퍼트리는 그들이 스패머로 오인받는 일이 없도록 해야 한다. 또, SNS상에 제품을 알리거나 회원을 모집했을 때, 중간 전파자들에게 현금 가치 이외의 혜택이 주어지도록 고민해야 한다.

Mission 2 고객들의 재방문율을 높여라!

매장들이 반값 할인을 하는 이유가 뭘까? 그들이 과감하게 50%나 할인해주는 이유는 그렇게 팔아도 이윤이 남기 때문이 절대 아니다. 반값 할인을 통해 가게를 먼저 알리고, 찾아온 사용자들에게 만족스러운 경험을 제공할 수 있는 기회를 얻어, 향후 '재방문'하도록 만드는 게 목적이다. 그러므로 소셜커머스 업체들은 수수료 경쟁을 떠나, 어떻게 하면 제휴 매장 고객들의 재방문율을 높일 수 있을지 고민해야 한다.

오픈 소셜몰 사이트 만들기

자, 이제부터는 위의 미션을 해결하고 확실한 차별점으로 부각시킬 수 있는 기획 요소를 찾아볼 것이다. 여러 가지가 있을 수 있다. 중요한 것은 자신이 주목하는 부분에 몰두하여 기획해나가는 것이다. 너무 여러 가지를 하나의 사이트에 담아낸다면, 특색 없는 서비스가 되어버리기 쉽고, 심지어는 유해할 수도 있다.

그러므로 자신의 분야와 연결시켰을 때 확실한 강점이 될 수 있을지에 중점을 두고 아래의 기획 요소를 이해해야 한다.

첫 번째 기획 요소는, G마켓이나 11번가 같은 오픈몰 형태의 소셜커머스 사이트를 구축하여 새로운 운영 시스템을 적용하는 것이다. 사이트에 상품을 올리고 고객의 평판을 관리하는 일을, 기존과 달리 해당 매장이 직접 하게 만드는 시스템을 생각해보자. 이때 각 매장에 대한 사용자 만족도 점수를 수치화하여 공개함으로써, 매장 스스로 철저하게 서비스를 관리하도록 만들 수 있다. 이러한 운영 방식은 매장의 철저한 상품 관리를 유도하는 것은 물론, 소셜커머스 사이트의 영업비용(매장 소싱비용)을 엄청나게 절감시켜준다.

매장 입장에서 얻을 수 있는 효과는 뭘까? 매장이 이와 같은 사이트를 선택하는 이유는 명확하다. 영업비용이 낮아 다른 사이트보다 훨씬 낮은 수수료를 받기 때문이다. 마치 다이렉트 보험처럼 말이다.

사업 시작 단계에서의 주된 타깃은, 다른 사이트에서 반값 쿠폰 이벤트를 진행해본 경험이 있는 매장이다. 그들은 이미 학습한 경험을 통해 스스로 상품을 설계하여 올릴 수 있기 때문이다. 이 과정을 돕기 위한 편리한 툴을 제공해야 함은 물론이다.

고객의 외침을 들어라!

두 번째 기획 요소는 사용자 역제안이다. 포스퀘어*에서 거점에 체크인을 할 수 있듯, 사용자들이 자신이 위치한 곳에서 인접한 매장을 지도상에서 선택하여 '깎아주세요'라는 버튼을 클릭할 수 있도록 만든다. 이때 '몽돌이님이 삼신포장마차 사장님께 깎아달라고 조르고 있습니다'류의 메시지가 자신의 트위터나 페이스북에 올려진다.

매장 입장에서는 SNS상에 매장 이름과 위치가 올라가니 반기지 않을 리 없다. 게다가 전파되는 내용이 단순 홍보가 아니라 가게에 오고 싶다는 긍정적 메시지이므로 마케팅에 확실한 도움을 받을 수 있다. 관심을 갖는 사람들이 많을 경우, 그 숫자를 보고 할인의 시기와 규모를 결정하여 이벤트를 진행할 수도 있다. 사용자들이 온라인 지도상의 특정 매장에 플래시몹처럼 기습적으로 모여 '깎아주세요'를 연호하고 사라지는 일이 일어나기도 할 것이다. 당연히 그 순간 트위터와 페이스북에 매장 이름이 전파된다. 매장 소싱 영업을 사용자들이 직접 해주니 매장의 절대적인 영업비용이 절감된다.

---

* 포스퀘어는 위치 기반 SNS다. GPS를 이용하여 내가 방문한 곳을 체크인할 수 있는데, 이때 체크인 사실을 트위터나 페이스북을 통해 공유할 수 있다. 체크인에 대한 보상으로 뱃지나 점수를 획득하고, 기존에 방문했던 사람들보다 점수가 높으면 그 공간의 주인(Mayor)이 된다.

사용자가 위치한 곳의 주변 매장에만 '깎아주세요' 버튼을 활성화시키는 방법도 있다. 매장 근처를 자주 오가는 사람들을 대상으로 한다는 것은 단골 고객이 될 확률이 그만큼 높다는 뜻으로 매우 중요한 의미를 갖는다.

VIP 전파자는 VIP 고객과 같다

중간 전파자를 육성하여 마케팅 비용을 줄이고자 할 때 가장 먼저 2가지 정책 판단이 필요하다. 하나는, 중간 전파자의 퍼포먼스를 어떻게 측정할 것인지에 대한 문제다. 이것은 중간 전파자들이 퍼다나르는 URL을, 그들의 아이디별로 다르게 부여함으로써 해결할 수 있다. 같은 페이지에 도달한 사용자라 하더라도 누가 전파한 URL을 타고 왔는지 구분하여 카운팅할 수 있는 시스템을 만드는 것이다. 이 시스템의 목적은 전파량이 많고, 또 그를 통해 유입된 사용자들의 제품 구매가 일어날 때, 최초의 URL 전파자에게 혜택을 주기 위함이다.

다음은, 이렇게 파악된 퍼포먼스별로 어떤 혜택을 줄 것인지 판단해야 한다. 이때 돈으로 주는 혜택은 지양하는 게 좋다. 지속 가능하지 않을뿐더러 최소의 노력으로 상금만 타가려는 소수의 이벤트족만 남게 될 것이기 때문이다.

중간 전파자에게 혜택을 줄 수 있는 또 다른 방법이 있다. 포인트를 주고 단계별 계급을 부여하여 할인율을 높여주고, VIP 계급에게는 그들에게만 열리는 '프라이빗 몰'을 만들어 역마진 전략을 펼칠 수도 있다. 1,000명의 VIP 전파자를 선발하여 이번 달엔 루이비통 가방 100개를 40% 할인된 가격에, 다음 달에는 삼성 세탁기 100대를 50% 할인된 가격에 판매하는 식이다. 역마진이기 때문에 하나를 팔 때마다 손실이 발생하지만, 마케팅 측면에서 볼 때 큰 비용 없이 중간 전파자를 육성할 수 있다. 충성도 높은 특수 계급의 중간 전파자들은 마케팅비용을 혁신적으로 줄여줄 수 있는 중요한 사람들이다.

지속적인 관계 유지하기

소셜커머스 업체와 매장은 서로 사업 파트너이다. 그런데 대개의 경우 이벤트 종료와 동시에 관계가 끝나버린다. 현실적으로 커뮤니케이션을 지속하기가 굉장히 어렵기 때문이다. 그렇다 보니 매장들이 행사 때마다 서로 다른 소셜커머스 업체와 일하는 경우가 많다. 어느 업체랑 하나 수수료율 외에는 큰 차이점이 없기 때문에 필요할 때 제안해오는 업체와 일하는 것이다.

영업비용 절감을 위해, 2차, 3차 행사 진행 시 수수료율을 조정하는 단선적인 방식 외에 소셜커머스 자체의 VIP 제도를 시행한다면 지속적인 관계를 유지할 수 있다. 자주 쿠폰을 구매한 사용자나 중간 전파자에게 VIP 카드를 발급하는 것이다. 카드 소지자는 해당 사이트에서 이벤트를 진행했던 모든 매장에서, 행사 종료 후에도 15% 정도의 할인을 받을 수 있다. 이 경우 고객의 사이트 충성도 제고는 물론, 행사 종료 후에도 낮은 할인율로 매장에 손님을 공급하는 효과를 얻게 된다. 매장 주인과 사용자 또한 이 소셜커머스 업체에 높은 충성도를 보이게 될 것이다.

이외에도 사업 모델을 어플리케이션화하여 추가할 수 있는 기능들이 있다. 이에 대한 내용은 3장에서 살펴보도록 하자. 분명한 것은 소셜커머스 업체가 난무하는 지금, 그들의 천편일률적인 경영 방식은 경쟁력이 없으며, 그렇기 때문에 지금이야말로 새로운 소셜커머스가 시장을 지배할 수 있는 아주 좋은 타이밍이라는 것이다.

새로운 SNS를 창조하는 2가지 아이디에이션

백워드 매핑 : 문제를 만들어서 해결하라

아이디어가 어느 한순간에 딱 떠올라준다면 참 좋을 것이다. 하지만 대부분의 경우 치열한 사고 과정과 훈련을 통해 아이디어를 찾아낸다. 지금부터는 그 과정을 좀 더 체계적으로 잡아주는 아이디어 창조법 2가지를 소개하고자 한다. 백워드 매핑과 규칙 깨기 방법이다.

먼저, '백워드 매핑(Backward mapping)'은 해결하기 힘든 문제에 봉착했을 때, 문제가 풀리기 위해서 선행되어야 하는 조건이 무엇인지를 되짚어가는 방법이다.

LG생활과학의 면접시험을 예로 들 수 있다. 화장품을 만드는 LG생활과학은 국내에서는 레드오션 경쟁을 하고 있다. 색조 화장을 하는 사용자들이 규정되어 있기 때문이다. 레드오션 시장에서 블루오션을 창출하기 위해서는 그동안 화장을 하지 않았던 '남자'들이 색조 화장을 해야 한다. 그렇게 되면 가능 시장의 규모가 일거에 2배로 커진다. 여기까지 생각이 미친 면접관은 면접자들에게 다음과 같이 질문했다.

"남자들이 화장을 하려면, 그 전에 어떤 일이 벌어져야 할까요?"

남자가 화장을 하려면, 먼저 여자들이 바라는 남성상이 달라져야 할 것이다. 트렌드를 선도하는 남자 연예인들이 색조 화장을 하거나, 남자아이들을 화장시키는 붐이 일어야 한다. 그래야 화장에 친숙한 성인으로 자랄 것이기 때문이다. 혹은 그보다 먼저, 최소한 남자들도 치마 정도는 입는 사회 분위기가 필요할지도 모른다.

이런 식으로 목적하는 것을 이루기 위해 전제되어야 할 행동을 뽑아내며 해결 방안을 찾는 것이 백워드 매핑이다. 전제들을 계속해서 좁혀 들어가야 한다. 선행조건의 선행조건을 계속해서 찾아가면서 풀기 어려워보이는 구름 위 문제들을 지상으로 끌어내리는 것이다.

규칙 깨기 : 황당하지만 끌리는 이유

아인슈타인(Einstein Albert)은 '처음 들었을 때 황당하지 않은 아이디어는 아이디어가 아니다'라고 말했다. '규칙 깨기(Break the Rules)'는 당연하게 여겨왔던 것을 거부함으로써, 지금까지 자신도 모르게 갇혀 있었던 틀을 벗어나 새로운 아이디어를 창조하는 방법이다.

먼저, SNS는 이래야 한다는 상식과 규칙을 적어보자.

규칙으로 여겨지는 SNS에 대한 고정관념

- SNS는 실시간이어야 한다.
- SNS는 사용하기 쉬워야 한다.
- SNS는 사용하는 사람들이 많아야 한다.
- SNS에서는 아는 사람들을 만날 수 있어야 한다.
- SNS는 자주 방문해야 한다.

이제 위의 규칙들을 하나씩 깨보면서 말도 안 되는 아이디어를 쏟아낼 것이다. 황당한 아이디어라고 해서 중간에 멈추지 말고 일단 생각을 적어나가자. 그 속에서 유의미성을 찾는 게 중요하다.

첫 번째 규칙은 'SNS는 실시간이어야 한다'는 것이다. 스마트폰 시대가 되면서 누가 나에게 맨션을 날리거나 내 담벼락에 글을 쓰면 실시간으로 나에게 알림이 오고, 나는 내용 확인은 물론 피드백을 전할 수도 있다. 모든 SNS가 이와 같은 방향으로 진화해가고 있다.

이와 같은 실시간성을 배재해보자. 누군가 내게 메시지를 보내오면 내게 알림이 뜬다. 여기까지는 똑같다. 그러나 메시지 확인은 정해진 미래의 시간에만 가능하다. 30일 후, 1년 후와 같이 기간을 정하고, 그때까지 남은 시간을 알려주는 타임캡슐형 SNS를 기획하는 것이다.

이번에는 'SNS는 사용하기 쉬워야 한다'는 두 번째 규칙을 깨보자. 손쉬운 회원가입 절차 대신 기존 회원 10명 이상의 동의나 추천이 있어야만 가입할 수 있게 까다로운 조건을 만든다. 소위 물관리를 철저히 하는 것이다. 글을 하나 쓰려고 해도 몬스터 10마리를 소탕해야 가능하다. 이는 정말 중요하고 유의미한 글만 올라올 수 있게 만들어준다. 수신된 메시지를 확인하기 위해서는 발신자와 관련된 퀴즈를 3분 내에 맞춰야 하고, 오답이거나 시간이 지나면 메시지가 폭파된다. 메시지를 주고받는 것 자체를 게임화한 것이다. 사진이나 동영상을 올리려면 던전을 파괴하거나 다양한 퍼즐을 풀어 일정 이상의 레벨이 되어야 가능하다. 이러한 레벨 시스템에 의해 자신보다 레벨이 높은 사람에게는 댓글을 달 수도 없다. 아랫사람이 말대꾸하면 안 되는 커뮤니티이기 때문이다.

세 번째 상식은 'SNS는 사용하는 사람이 많아야 한다'는 것이었다. 페이스북의 경우 5,000명까지 친구 등록을 할 수 있다. 그런데 이 숫자가 정말 친구로 채워질 수 있을까? 등록된 친구가 수백 명이 넘어가면 검색 엔진에서 검색만 안 된다 뿐이지 공개 블로그와 유사해진다. 관계로 이루어졌다 하더라도 진솔한 이야기를 나눌 수 없는 SNS가 되는 것이다.

이를 막기 위해 친구 등록이 30명까지만 가능한 서비스를 만들면 어떨까? 소위 '절친'끼리만 친구를 맺는 서비스가 되는 것이다. 전학을 가면 예전 친구와는 멀어지고 새로운 절친을 만나게 되듯이, 이곳에서는 새로 만난 절친과 친구맺기 위해 예전 절친과 관계를 끊는 것이 자연스러운 분위기로 받아들여진다. 현재 가장 친한 친구와 커뮤니케이션하는 곳이기 때문이다. 온갖 사적인 이야기들이 흘러나오는 그룹 일기장이 될 수도 있을 것이다.

네 번째와 다섯 번째 규칙도 깨보자. 먼저, '아는 사람을 만날 수 있어야 한다'는 지인관계망 규칙을 가면무도회 같은 서비스로 바꾸어보자. 본인의 아이덴티티를 감추고 전혀 모르는 사람들과 만나는 SNS 서비스를 만들 수 있을 것이다.

마지막으로, '자주 방문해야 한다'는 구조는 매일 특정 시간대에만 이용이 가능한 구조로 바꿀 수 있다. 언제 어디서나 들어갈 수 있었던 서비스 구조를 깨고, 특정 시간에만 열리는 SNS 서비스를 기획해보자.

모든 사용자들은 매일 자정부터 새벽 2시까지, 정오부터 오후 2시까지만 서비스에 접속할 수 있다. 이에 따라 모든 사용자들이 같은 시간에 모이게 된다. 혹은 해당 지역 사용자들만 들어갈 수 있게 만들 수도 있다. GPS나 수신기의 위치를 통해 서울, 부산 등 각 지역별로 서로 다른 SNS에서 활동하게 만드는 것이다. 장벽을 없앤 글로벌 서비스에 반하는 로컬베이스 서비스가 될 것이다.

지금까지 규칙 깨기 방법을 통해 몇 가지 아이디어를 뽑아봤다. 횡설수설에 가까운 아이디어들은 황당하기 그지없다. 하지만 황당하기 때문에 기존의 경쟁 관계에 묻히지 않는 새로운 아이디어의 출현을 기대할 수 있는 것이다.

실제로 트위터는 확고했던 SNS의 2가지 규칙을 깼다. 첫 번째로 SNS는 멀티미디어에 대응해야 한다는 규칙이 지켜지지 않았다. 트위터에는 텍스트만 올릴 수 있다. 사진이나 동영상을 올리려면 URL로 공유해야 한다. 이로써 '140자의 마술'이라는 새로운 콘텐츠를 창조해냈고, 커뮤니케이션을 간결하게 만들어 실시간성을 극대화시켰다.

보다 과감한 규칙 깨기는 SNS에서의 '관계 수락' 과정에서 일어났다. 그간의 친구 관계는 한쪽에서 먼저 신청하고, 상대방이 수락하면 관계가 맺어졌다. 트위터는 이와 같은 전통적인 친구맺기 관계를 '비상칭(Asymmetry)' 구조로 틀어버렸다. 그래서 나의 수락 없이도 누군가 나를 팔로잉할 수 있고, 나는 그를 팔로잉하지만 그는 나를 팔로잉하지 않을 수 있는 이상한 관계 맺기가 이루어졌다. 당시로선 황당했던 이러한 아이디어는 트위터의 놀라운 성장 동력이 되어주었다.

기존의 규칙을 따르는 서비스는 잘나가는 서비스의 추종 서비스가 될 수밖에 없다. 새로운 서비스는 기존의 규칙을 따르지 않는 것에서부터 시작되어야 한다. 규칙 깨기 아이디에이션을 활용하여 시장을 뒤바꿀 창의적인 아이디어를 찾아보자.

**SNS,
정보보다 관계에 주목하라!**

1. 구매 전, 검색을 통해 제품 정보를 찾는 것은 악어의 입 속에 머리를 넣는 것과 같다. 광고가 영향을 미치지 않는 콘텐츠를 찾는 게 점점 더 어려운 일이 되어가고 있기 때문이다. 그래서 사람들은 이제 '정보'가 아닌 '관계'를 믿기 시작했다.

2. SNS상의 마케팅 활동을 기업 계정 팔로어 수를 늘리고, 리트윗 마케팅을 하는 것으로 생각해서는 안 된다. SNS상의 마케팅은 기업의 입이 아니라 친구의 입을 통해 제품과 서비스에 대한 이야기가 전달될 수 있도록 하는 데 핵심이 있다. 그를 위해 전파력 강한 사용자를 선별하여 그들에게 즐거운 경험을 제공해야 한다. 이때 제품의 특성과 직접적인 상관이 없는 이슈를 만들어야 한다. 제품 특성이 노골적으로 드러나면, 중간 전파자가 스패머로 인식되기 때문이다. 이에 대한 고민은 지금 당장 소셜커머스 기업에서 선행해야 할 과제다.

3. 현재의 소셜커머스 업체들이 부담하고 있는 막대한 매스미디어 마케팅비용과 영업비용은 충분히 감축시킬 수 있다. 사이트에 종속된 중간 전파자를 키워 상품 정보의 폭넓은 유포를 돕고, 매장 주인들의 적극성을 극대화할 낮은 수수료율의 오픈 소셜몰을 고민해볼 수도 있다. 혹은, 사용자들이 직접 매장을 선택하여 온라인상에서 할인 요청을 하고, 그 과정에서 SNS 마케팅이 일어나는 구조도 좋다.

4. 시장을 바꾸는 새로운 서비스는 항상 기존의 규칙을 파괴해버린다. SNS는 이래야 한다는 규칙을 나열하고, 황당한 방법들로 하나씩 깨나가면서 새로운 SNS 서비스를 기획해보자.

SNS상에서 우리는
어디까지 공개할 수 있을까?

Issue & Insight

'1촌 공개'에 대한 지나친 신뢰

부산 지역을 거점으로 2009년부터 활동해온 '기장청년회파'라는 조직폭력배가 있다. 20대로 구성된 이 조직은 술집이나 공사 현장 등에서 협박을 일삼고, 술집 여종업원들을 감금하는 등의 폭력 행위를 해오다가 2011년 4월 7일, 37명의 조직원 전원이 검거되었다.

당시 이 소식이 언론을 통해 알려지면서 조직원 전원 검거라는 점도 이슈가 되었지만, 오래된 조직도 아닌데 어떻게 구성원 모두를 파악해냈는지에 대해 관심이 모아졌다. 조직 내에 스파이를 투입했을 거라는 일반적인 추측과 달리, 답은 아주 엉뚱한 데 있었다. 바로 싸이월드다. 이들의 단합대회 사진이 미니홈피에 올라와 있었던 것이다. 사진은 조직원의 수(37명), 보스(정 가운데 앞자리)를 위시로 한 서열 관계(중앙에서 멀수록 막내) 등 조직을 파악하는 데 필요한 많은 정보를 경찰에게 고스란히 넘겨주었다.

온라인상에 개인이 올리는 콘텐츠의 대부분은 개인정보에 기반한 것이다. 그러다 보니 공개·비공개·친구에게만 공개 등의 정보 콘트롤을 할 수 있어야 한다. 공개형 블로그처럼 방문하는 모든 사람들이 볼 수 있다면 올릴 수 있는 정보가 극히 제한되기 때문에, SNS상의 유저 활동량을 늘리기 위해서는 폐쇄적 속성을 갖추는 것이 중요하다. 기장 청년회파의 청년도 사진을 올릴 때 친한 친구들에게만 보여줄 생각으로 1촌 공개를 선택했을 것이다. 자신의 친구들만 볼 수 있다고 믿으면서 말이다.

SNS에 대한 이와 같은 이상한 신뢰는 SNS 서비스 확대에 큰 도움을 주고 있다. 위치 정보 공개를 대중화시킨 포스퀘어가 좋은 예다. 포스퀘어 이전에는, 자기가 현재 어디에 있는지를 온라인상에 적극적으로 알린다는 것 자체가 상상할 수 없는 일이었다. 가장 쉽게는 범죄의 표적이 될 수도 있고, 위치는 행동을 내포하므로 생각보다 많은 정보를 내가 모르는 사람들에게 전달할 수 있기 때문이다. 현재 어딘가에 있다는 것은, 다른 어딘가에 없음을 뜻한다. 포스퀘어에 당신이 스타벅스에 있다, 혹은 잠실야구장에 있다 등의 소식을 알리면, 누군가는 당신이 현재 집에 없다는 사실을 알게 되는 것이다.

이러한 여러 불안 요소에도 불구하고 포스퀘어는 위치 공개에 게임적 특성을 강화하여 성공했다. 특정 공간에 자주 방문(check-in)하면 그 장소의 메이어가 될 수 있는데, 이를 빼앗거나 유지하기 위한 해비 유저들이 많이 생산되었다. 민감해보이던 위치 정보가 SNS상에서 아무나 볼 수 있게 유통되자, 사람들은 그 다음엔 또 어떤 정보들이 올라올 수 있을지 궁금해했다.

정보 공개의 한 극단, 'Blippy'와 'Swipely'

SNS의 본질은 순간의 공유를 통한 사람들의 공감이다. 그리고 순간의 공유는 단순히 자신의 생각에서 나아가, 자신의 위치를 알리고 싶은 포스퀘어, 자신의 음악 리스트를 알리는 나우플레잉(Nowplaying), 패션 스타일을 알리는 포즈(pose) 등 다양한 비즈니스 모델로 확장되어왔다. 급기야 2010년에는 소비 사회를 사는 사람들을 겨냥한 2가지 SNS 서비스가 등장했다. 바로 블리피와 스와이플리다.

이 두 서비스는 결제 정보의 공유라는 다소 극단적인 정보 공유를 축으로 하고 있다. 사용자가 메일과 휴대폰을 블리피에 연동하면, 카드 결제 시에 날아오는 결제 확인 메시지를 추출하여 구매 정보가 사이트

Issue & Insight

에 바로 올라간다. 인터넷 쇼핑몰에서 청바지를 5만 원에 구매하면, 블리피에 "○○○가 인터파크에서 5만 원을 결제했다"라고 실시간으로 뜬다. 그리고 그 아래로 친구들이 댓글을 달 수 있다. "뭘 산거나?" "또 혼자 공연 보러 가냐?" 등등. 블리피에 올려진 카드 결제 내역은 새로운 대화의 씨앗이 되었다. 2009년 12월에 오픈된 베타 버전에서 이미 5,000명의 이용자가 450만 달러의 현금 거래를 노출했고, 트위터 CEO인 에반 윌리엄스를 포함한 많은 벤처 투자 및 회사들로부터 160만 달러의 투자를 받았다. 그러나 2010년 4월 23일, 블리피 이용자의 카드 번호가 구글에서 검색되는 일이 벌어지면서 성장에 제동이 걸렸다. 결제 내역을 공유한다는 파격적인 형식의 SNS가 있다는 것도 놀랍지만, 그런 사이트가 개인정보 보호에 둔감했다는 것은 정말 상식 밖이었다. 이 사건 이후 블리피의 사용자 수는 급감했다. SNS의 새로운 지평을 열 것으로 기대했던 내게는 매우 아쉬운 일이었다.

스와이플리는 850만 달러의 펀딩을 받아 2010년 5월 11일에 시작된 서비스로, 2010년 초에 운영되기 시작한 블리피에 비하면 후발 주자다. 초대 형식으로 운영되는 스와이플리의 경우, 세세한 금액을 밝히지 않은 채 어디서 무엇을 소비했는지를 공유한다. 던킨도넛을 매일 사먹는 사람들의 프로필 페이지에는 던킨도넛 뱃지가 붙게 된다. 누군가의 프로필 페이지를 보면 그 사람이 삼성역 던킨도넛을 자주 방문하며, 후터스에서 맥주를 마시고, 솔리드옴므의 옷을 좋아한다는 것을 한눈에 알 수 있다. 이는 다시 마케팅 채널로 발전하여 매장 주인이나 프랜차이저들이 단골 고객에게 혜택을 주는 사이트로, 또 경쟁사 제품을 많이 쓰는 사람들에게 광고하기 위한 공간으로 발전해나가고 있다.

SNS '정보 콘트롤'의 허상

블리피와 스와이플리 사례는 우리에게 다음과 같은 인사이트를 준다.

첫째, 앞서 말한 것처럼 SNS에서 공유할 수 있는 정보의 한 극단을 보여준 서비스로 평가할 수 있다. 블리피의 창업자 필립 카플란은 "사생활의 많은 영역은 공유하기 싫어서가 아니라 공유할 방법이 없기 때문에 공유되지 않는다."라고 말한 바 있다. 기술과 서비스 기획에 따라 더 많은 정보를 보다 쉽게 사람들과 공유하게 될 것이라는 의미다.

위치, 카드 결제 내역, 그 다음은 무엇이 될까? 실시간 건강 정보를 의사와 가족들에게 자동적으로 알릴 수 있는 SNS, 그룹원들이 정한 특정 공간을 방문한 사람들의 입퇴실 기록을 실시간으로 공유할 수 있는 SNS는 어떨까? 이것들은 또한 어떤 기술 연동으로 가능할까?

둘째, 인터파크에서 20만 원을 결제했다는 정보가 올라왔을 때, 이를 본 친구는 '무슨 콘서트 가는 거야?'라고 댓글을 달고, 이것은 대화로 이어진다. CGV에서 2만 원을 결제했다는 포스트가 올라오면, 어떤 영화가 재미있는지 없는지에 대한 대화로 이어지는 것이다. 이는 '카드긁기(swipe)를 대화로 바꿔준다'는 스와이플리의 사업 비전이기도 하다. 우리가 SNS상에서 나누고 있는 많은 대화들은, 사실 책을 사거나 영화를 보고 여행을 가는 등의 '구매 활동'과 직간접적인 관련이 있다. 광고 시장에서 SNS를 주요한 광고 채널로 주목하는 이유 중 하나도 여기에 있다.

셋째, 기본 데이터(raw data)의 확보가 어디에서 이루어지는가는 강력한 무기가 될 수 있다. 2010년 4월, 아마존이 블리피나 스와이플리와 빚은 신경전이 이를 시사한다. 아마존의 경우 블리피와 스와이플리를 위협자로 인식하여 연동을 막았다. 사용자의 구매 패턴은 아마존이 무기로 내세우는 추천 서비스의 가장 기본적인 데이터다. 영화 〈용가리〉와 〈디워〉 티켓을 산 사람에게 〈라스트 갓파더〉를 추천하는 것처럼 말이다. 이러한 구매 패턴 집적의 판도가 넘어갈 경우 기업 자체에 대한 위협이 될 수 있다고 판단했던 것이다. 그런 의미에서 구매 패턴의 집적을 추구한 블리피와 스와이플리의 사업 모델은 지속적인 투자가 이루어질 영역임에 분명하다.

> 친구 관계와 실제 아이덴티티를 기반으로 한 서비스야말로
> 궁극적으로 (개인정보) 보안을 위한 열쇠.
> 만약 온라인상에서 나와 대화하는 상대방이 누구인지 확신할 수 없다면,
> 결국 내 사생활이 위험에 처할 수 있다.
> 그러나 상대가 누구인지 안다면 내 정보를 공개할지 말지
> 스스로가 결정할 수 있다.
>
> 『페이스북 이펙트』, 데이비드 커크패트릭

커크패트릭의 말에도 일리가 있지만, 사실 SNS상의 정보 콘트롤(공개·비공개·친구에게만 공개)은 허구의 개념에 가깝다. 온라인상에 한 번 올라간 정보들은 물에 떨어뜨린 잉크 방울처럼 비가역적인 특성을 가진다. 퍼지기만 할 뿐 원점으로의 회수가 불가능하며, 본인의 계정을 삭제한다 해도 나의 정보를 가지고 있는 누군가에 의해 영원히 존재하게 된다. 게다가 '펌'과 'Like' 등의 공유 기능을 통해 끝없이 확산되기까지 한다. 같은 이유로 원본을 수정해도 수정 이전의 정보들이 끝없이 전파되기 때문에 정보 콘트롤도 불가능해진다. 스타 지망생들이 연습생 시절 미니홈피에 올린 온갖 사진들을 기획사에서 열심히 지운다고 지우지만, 온라인에 퍼질 대로 퍼진 뒤라는 것을 깨닫는 데는 그리 오랜 시간이 걸리지 않는다. 이미 그의 많은 친구들이 퍼갔다면 원본 사진을 지우거나 계정 자체를 삭제해도 온라인상에 계속 남아 끝없이 증

식하기 때문이다. 이런 식의 전파 모델에 따라, 이론적으로는 일촌에게 공개한 정보도 사실 '펌'과 '펌'을 몇 번만 거치면 모든 사람들이 볼 수 있는 공개 정보가 되어버린다.

정보 공개의 한계라 보여졌던 사적 영역의 많은 정보들이 SNS상에 버젓이 올라오기 시작했다. 이런 추세는 새로운 영역을 발굴하는 사람들에게 멋진 사업 기회가 될 것이다. 하지만 동시에 정보 콘트롤이 허상이라는 것을 깨달아가는 사용자들의 만만치 않은 저항을 마주하게 될 것이다.

3장

어플리케이션에 대해서 잘못 알고 있는 것들

어플리케이션에 대한
강박 버리기

적극적인 참여와 계속되는 실패

2010년 말, 정부 기관 및 자치단체들의 어플리케이션 개발 현황이 공개되었다. 다음의 표가 말해주듯 많은 공무원들이 정보 선진화를 위해 적극적으로 움직였다. 일단은 칭찬 받을 만하겠지만, 그 면면을 살펴보면 문제점이 많다.

수명계산기는 통계청이 대한민국 인구 통계에 기반해서 만든 어플리케이션이다. 생년월일, 학력, 사는 지역과 함께 얼마나 자주 술을 마시고 담배를 피우는지 등의 질문에 답하면 예상 수명을 알려준다. 모든 면에서 기존에 흔히 봐왔던 어플리케이션이나 웹서비스와 차별점이 없다(공무원들이 만들어 좀 더 재미없다는 특징이 있긴 하다). 국민복지 향상에 기여하거나 정보 공유 기능 등도 전혀 없이 그저 심심풀이용 정

정부 기관의 어플리케이션 개발 현황(2010년 11월 10일 기준)

기관	어플리케이션	개발비용	다운로드
방송통신위	방송통신위	3,500만 원	4,670건
국민권익위	국민신문고	없음(삼성전자)	3,800건
공정거래위	공정거래위	1,100만 원	160건
기획재정부	시사경제용어	750만 원	16만 9,700건
	주요경제지표	770만 원	1만 6,000건
법무부	법아 놀자	8,140만 원	16만 건
행안부	민원24시	2억 원	미집계
문화부	정책투데이	3,200만 원	2만 3,000건
	공감카툰	–	3,700건
	touch korea	1,900만 원	68건
	2010 세계국립극장 페스티벌	1,000만 원	374건
	made in pop land	1,700만 원	미집계
농림수산식품부	안심장보기	2,500만 원	1만 7,898건
	샘샘퍼즐	–	8,012건
지식경제부	지식경제용어사전	1,300만 원	1만 4,500건
	에너지 다이어트	2,200만 원	1,400건
보건복지부	숙녀다이어리	3,000만 원	11만 2,905건
고용노동부	잡영	2억 1,600만 원	4,784건
조달청	나라장터알림	9,200만 원	7,181건
경찰청	인터넷라디오방송	500만 원	3,778건
	실종아동찾기 182센터	없음	3,397건
소방방재청	응급상황대처방법	없음	24만 417건
산림청	100대 명산	3,800만 원	12만 3,784건
	자연휴양림·수목원	–	13만 2,530건
중소기업청	기업마을	4,150만 원	7만 3,600건
	입찰정보	1,800만 원	2만 1,181건
	창업만물사전	2,000만 원	3만 4,695건
	우수중소기업 취업 도우미	1,900만 원	7,312건
	숫자로 보는 중소기업 동향	1,900만 원	1,749건
특허청	특허정보검색 등	2억 6,600만 원	833건
통계청	수명계산기	2,310만 원	33만 1,129건

출처 : 연합뉴스

지자체의 어플리케이션 개발 현황(2010년 11월 10일 기준)

기관	어플리케이션	개발비용	다운로드
서울시	여행프로젝트	3,500만 원	8,800건
	여행콜택시	2,700만 원	5,500건
	사이렌2010	4,200만 원	1,057건
	서울교통	없음(삼성전자)	19만 6,417건
	서울위치찾기	없음(SK텔레콤)	4만 2,842건
	천만상상오아시스	없음(SK텔레콤)	4,970건
	서울안심먹을거리	없음(SK텔레콤)	4,338건
	서울종합방재센터	2,500만 원	10건
	TBS교통정보	없음	7만 8,370건
	I-tour	3억 1,400만 원	18만 4094건
	가락시장	없음	488건
	서울시 창작공간	3,000만 원	579건
	중랑생활정보	1,300만 원	200건
	와우중랑	2,000만 원	267건
경기도	경기도서관	1,900만 원	9,400건
	경기교통정보	1,800만 원	6만 2,700건
	경기투어	3,900만 원	13만 7,500건
	경기일자리	2,140만 원	5,800건
	경기버스정보	1,350만 원	14만 8,100건
	경기부동산	2,000만 원	1만 1,100건
	경기산책로	4,000만 원	5,100건
강원도	영월여행	없음	6,609건
울산시	울산맛집	없음	1만 678건
	옹기엑스포	없음	1,900건
전라남도	U남도여행길잡이	3억 원	6,660건

출처 : 연합뉴스

도의 가치에 불과한 이런 어플리케이션을 정부 기관이 나서서 2,000만 원이 넘는 예산을 투자할 필요가 있었을까? 누가 만드느냐를 떠나 굳이 어플리케이션으로 만들 필요가 있었는지에 대해서도 의심스럽다. 특허정보검색, 경제용어사전 등의 어플리케이션 개발 역시 마찬가지다. 어플리케이션을 개발한 이후 사용자에게 알리고 다운로드하게 만들려면 상당한 마케팅 자원이 소요된다는 점과 스마트폰 이용자만 접근할 수 있다는 점에서 볼 때, '스마트 시대 정보 접근성의 강화'라는 정부 기관의 취지에도 어긋난다.

차라리 정보를 규격화하여 공개하는 데 예산을 썼다면 더 좋았을 것이다. 규격화된 특허정보와 경제용어 DB에 대한 접근권을 네이버나 다음 등의 포털에 제공한다면, 사용자들은 별도의 어플리케이션 설치 없이 포털의 웹사이트나 어플리케이션을 통해 특허정보나 경제용어를 편리하게 찾아볼 수 있게 된다.

스마트폰의 대중화로 어플리케이션이 대세라는 분위기 속에서 각각 3억 원을 들여 만든 U남도여행길잡이와 I-Tour 어플리케이션 또한 작년 11월 기준 저조한 다운로드 수를 기록했다. 이러한 지표들은 비단 정부 기관들만의 시행착오가 아니다. 적잖은 기업들, 그리고 많은 청년 개발자들이 공들여 만든 어플리케이션이 출시와 동시에 사장되고 있다.

문제의 시작은 모바일 시대가 여는 새로운 기회를 지나치게 '어플리케이션을 만드는 사업'으로만 한정 지어 보는 기업의 사업 전략에 있다. 또한 대다수의 서비스 기획자들도 '모바일 서비스 = 어플리케이션'이라는 잘못된 도식에 빠져 있다.

어플리케이션의 매력과 치명적 한계

스마트폰에서 사용하는 서비스는 크게 앱스토어에서 다운로드받는 네이티브 어플리케이션(이하 어플리케이션)과 사파리, 오페라, 모질라페덱 등의 브라우저를 통해 접근하는 모바일 웹서비스로 나뉜다.

다음 표를 보면서 다음의 간단한 질문에 답해보자. 공란에 직접 적도록 한다.

네이티브 어플리케이션과 모바일 웹의 비교

	(네이티브) 어플리케이션	모바일 웹
속도	빠름	상대적으로 느림
단말 정보 접근 (디바이스 API)	어플리케이션에서 단말 내의 GPS, 가속센서, 연락처, 사진첩 등의 정보값에 접근 가능	HTML5를 활용하여 GPS에 접근 가능한 경우가 있으나, 그 외 단말기 내의 정보 접근은 어려움
그래픽 성능	디바이스 퍼포먼스만 따른다면 PC에서와 준하는 3D게임 구현도 가능	그래픽이 중요한 게임에는 아직 적합하지 않음. Flash 혹은 HTML5로 일정 수준 이상 구현 가능
아이콘 생성	가능	가능
멀티 플랫폼	다양한 플랫폼 지원에 비용이 많이 듬	문제 없음
유지비용	상당함	적음
버전 관리	업데이트를 하지 않는 사용자가 많고, 다양한 버전 관리가 필요해짐	서버 업데이트 시, 사용자는 즉각적으로 신버전 서비스를 이용하게 됨
오프라인 활용	가능	거의 불가능(HTML5는 웹브라우저의 스토리징 기능을 강화함)

● 스마트폰에서 어플리케이션으로 사용하는 페이스북과 m.facebook.com으로 접근하는 모바일 웹은 어떤 기능 차이가 있을까?

● 잘나가는 소셜커머스 '티켓몬스터'를 어플리케이션으로 개발하면 어떤 기능을 추가할 수 있을까?

어플리케이션과 달리 모바일 웹에서는 단말 정보로의 접근이 불가능하다. 그래서 페이스북 모바일 웹페이지에서는 휴대폰 안의 연락처를 불러온다든가 저장되어 있는 사진을 업로드하지 못한다. 이것을 가능하게 하는 것이 디바이스 API의 표준화인데 아직 완료되지 않았다. 표준화된 디바이스 API는 모바일 웹사이트에서 단말의 다양한 자원들(GPS, 각종 센서, 주소록, 일정, 카메라 제어, 배터리 정보, 사진첩, 기타 폴더 관리 등)에 접근할 수 있게 해줄 것이다.

웹서비스인 소셜커머스를 모바일 어플리케이션으로 개발하게 되면 GPS, 연락처, 각종 센서를 활용한 기능을 추가할 수 있다. 그래서 소셜커머스 어플리케이션을 실행했을 때 사용자의 위치(GPS)를 파악하여 근거리에 있는 반값 할인 매장을 보여주는 것이 가능하다. 사용자는 마음에 드는 상품이 있어 친구에게 알려주고 싶을 때, 굳이 페이스북이나 트위터 등으로 퍼나르지 않아도 된다. 휴대폰 연락처 안의 친구 전화번호를 불러와 상품 정보를 퍼뜨리면 된다. 이때 소셜커머스가 스마트폰 이용자만을 대상으로 하는 서비스가 아니므로, 상품 이미지와 URL

을 MMS로 전송하고, 이 비용은 티켓몬스터가 마케팅비용으로 지불할 수 있다. 모객을 위해 매스미디어에 쏟는 광고비보다 지인을 활용하는 이와 같은 마케팅이 훨씬 효과적이기 때문이다.

개인적으로 AR(Augmented Reality : 증강 현실)의 실용성에 대해 회의적인 입장이긴 하지만, 카메라와 Compass, GPS 센서를 활용한 AR 서비스도 가능하다. 강남역에서 어플리케이션을 실행시킨 후 카메라로 거리를 비추면 스크린상의 실제 거리 모습 위에 프로모션 상점들이 아이콘으로 나타나게 하는 것이다.

'푸쉬 알림(Push Notification)'도 빼놓을 수 없다. 예를 들어, 매일 100마리 이상의 꽃게가 팔리는 신사역 부근 꽃게찜 가게가 있다고 해 보자. 이 가게의 사장은 오늘이 금요일이고, 어제 9시 뉴스에서 꽃게가 스트레스에 매우 좋다고 소개되어 평소보다 넉넉하게 꽃게를 주문했다. 그런데 기대와는 달리 저녁 8시가 되도록 70마리밖에 안 팔렸다. 금요일이 아니라면 다음날 팔아도 되겠지만 주말부터 월요일까진 손님이 거의 없다. 사장은 꽃게의 신선도가 떨어지면 맛도 손님도 떨어지므로 반값에 팔더라도 오늘 모두 소진하기로 결정했다. 이럴 때 강남·신사 부근(GPS)에서 자주 어플리케이션을 실행했던 사람들에게 다음과 같이 '알림'을 보낼 수 있다.

"지금부터 저녁 11시까지 선착순 30팀, 꽃게찜 반값 할인. 어플 내에서 바로 예약하세요!"

많은 매장들이 푸쉬 알림을 남발한다면 사용자의 피로도가 높아져 고객 이탈이 생길 수 있겠지만, 이를 막기 위한 운영 규칙만 잘 정립한다면 어플리케이션을 실행하고 있지 않은 사용자들에게도 알림창을 띄워 반값 할인 정보를 알릴 수 있다.

위와 같이 어플리케이션은 모바일 웹과 달리 단말이 가지고 있는 수많은 정보에 접근 및 컨트롤할 수 있다. 또한 그래픽 퍼포먼스가 훌륭하다는 장점을 가지고 있다. 반면, 장점만큼이나 치명적인 단점이 있는데, 멀티 플랫폼에 대한 대응 비용이 상당하다는 것이다.

iOS, 안드로이드, 윈도우모바일, 심비안, 바다 등 각 사업자들이 독자적인 플랫폼 구축을 위해 개발한 OS의 종류만 해도 여러 가지다. 아이폰을 위해 개발한 어플리케이션을 안드로이드폰에서도 서비스하기 위해서는 적지 않은 공수가 들어간다. 하나의 OS 안에서도 단말의 종류가 다양하고, 그중에서도 액정 사이즈 및 해상도의 차이는 매우 심각하다. 아이폰 3Gs와 아이폰4는 액정 사이즈가 3.5인치로 동일하다. 그래서 3Gs에서 사용하던 이미지를 아이폰4에 그대로 적용하는 개발사들이 많았다. 하지만 액정 사이즈가 같아도 3Gs에서 사용하던 이미지가 SVG(Scalable Vector Graphics)가 아닐 경우에 이를 아이폰4에 적용하면 이미지가 1/4 크기로 줄어들게 된다. 3Gs의 해상도는 480×

230이고, 아이폰4의 해상도는 960×460으로 4배 차이가 나기 때문이다. 액정 사이즈가 같은 아이폰에서도 세대별 해상도 차이가 상당하다. 아이폰만이 아니다. 아이패드, 애플 TV 등 하나의 OS 진영 내에서 다양한 디바이스들이 쏟아져나오고 있다. 이들 사이의 차이는 훨씬 더 크고, 그만큼 대응해야 할 규모도 함께 커진다. 문제는 여기서 멈추지 않는다.

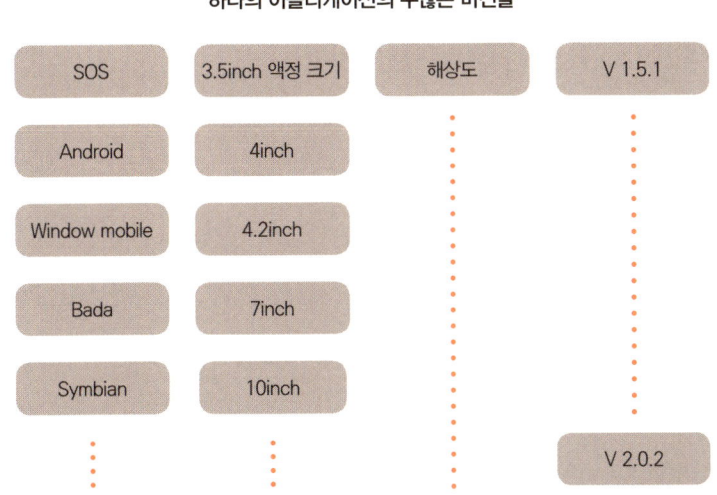

하나의 어플리케이션의 수많은 버전들

어플리케이션을 OS와 액정 사이즈별로 개발하는 비용은 만만치 않다. 여기에 버전 관리비용까지 포함하면 보통 개발비의 4배가 넘는 운영비가 든다. 그래서 중소기업이 멀티 플랫폼 어플리케이션을 자금 계획 없이 만들 경우 개발 및 운영하는 데 큰 어려움을 겪게 된다.

2011년 6월 2일 카카오톡의 버전은 2.1이다. 카카오톡이 이전 버전의 오류와 기능을 개선한 새로운 버전의 어플리케이션을 서버에 올리면, 사용자들에게 알림이 뜬다. 그리고 사용자들이 알림 화면에 있는 업데이트 버튼을 클릭하면 자동으로 새로운 버전이 설치된다(기존의 것은 자동 삭제된다). 하지만 절차가 간단함에도 불구하고 여전히 많은 사람들이 2010년 말에 나온 V1.5를 사용하고 있다. 여기서 생기는 문제는 윈도우 익스플로러의 문제와 동일하다.

우리가 인터넷 접속을 위해 사용하는 익스플로러는 현재 V9.0까지 나왔다. 하지만 우리나라에서 얼마 전까지 가장 많이 사용되던 버전은 6.0이었다. 네이버가 V6.0 퇴출 캠페인을 벌인 2010년 중반 이후로 점유율이 38%에서 28%로 급감하면서 국내 브라우저 점유율 1위 자리를 V8.0에게 내주었지만, 2011년 6월 현재까지도 강력한 점유율 (22.5%)[*]을 보이고 있다. 익스플로러 V6.0은 2001년에 나온 10년 된 브라우저다. 국제 웹 표준에 맞을 리 없고, 치명적인 보안 결함도 새삼 강조할 필요가 없다. 하지만 인터넷 사용 인구 3명 중 1명이 사용하는 브라우저다 보니, 서비스를 개발할 때 이 버전을 무시할 수 없다. 대부분의 웹서비스들은 익스플로러 V6.0을 지원하고, 사용에 불편함이 없는 사용자들은 업그레이드의 필요를 못 느끼게 되는 악순환을 거듭해왔다. 은행들은 사파리나 크롬 같은 브라우저에서도 금융 거래가 가능하

---

[*] 출처 : http://www.theie6countdown.com

도록 개발해야 하지만, 당장 사람들이 많이 사용하는 익스플로러 V8.0, V6.0, V7.0(세 버전의 점유율을 합치면 무려 93%에 이른다)에서 잘 구동되게 하는 것만으로도 벅차다. 천하의 구글도 사용자 이탈이 두려워 2010년도에 들어와서야 익스플로러 V6.0 지원을 중단했다.

카카오톡의 모든 버전(V1.5.1에서 V2.1까지)에서 채팅이 돌아가게 해야 하는 운영비용은 점차 증대할 것이다. 만약 업데이트를 강제화하여 구버전의 사용을 막는다면 사용자 이탈이 발생하게 된다. 사용자들은 서비스 제공자의 뜻대로 움직이지 않기 때문이다. 새로운 버전을 다운로드받는 일이 번거로워서 사용을 포기하기도 하고, 구버전을 가진 사용자에게 문자를 보냈을 때 답을 받지 못한 신버전 사용자의 불만도 상당할 것이다. 그러므로 구버전 어플리케이션으로도 서비스 사용이 가능하도록 해야 한다. 카카오톡은 안드로이드폰 어플리케이션만 지금까지 12번이 넘게 업데이트를 했다. 이는 안드로이드 OS에서만 12개가 넘는 버전의 어플리케이션을 운영해왔다는 뜻이다. 그들은 V1.6에서 V2.1로 보낸 메시지가 잘 전달되는지, V2.0에서 추가된 이모티콘을 V1.7로 보냈을 때 잘 보이는지 등 다양한 버전 간 테스트를 해 나가야 한다. 다행히(?) 카카오톡의 V1.5.1 이하의 버전에서는 서비스를 중지한다는 공지가 2011년 3월 30일에 올라왔다. 그 이하 버전 사용자들의 점유율이 관리비용과 비교했을 때 유의미하지 않은 숫자가 된 모양이다.

3개의 OS에 각각 3개의 액정 사이즈 종류가 있고, 5개의 어플리케이션 버전이 있다고 가정할 때, 벌써 45종의 단말에서 구동되는 어플리케이션을 개발 및 테스트해야 한다. 대중적 확산을 기대하는 서비스를 어플리케이션으로 개발하고 운영한다는 것이 얼마나 어려운 일인지 쉽게 느낄 수 있다. OS 개수를 더 늘리거나 해상도 차이를 반영한다면, 기본이 수백 개로 올라간다.

스마트폰 전도사라 불리는 이찬진 대표는 twtkr.com 어플리케이션 개발에 100대가 넘는 단말을 가져다놓고 테스트 중이라고 말한 바 있다. 다양한 플랫폼과 단말에서 서비스되게 하는 데 이처럼 많은 개발비용과 그보다 많은 유지비용이 들어가는 것이다. 구글의 건도트라(Vic Gundotra) 부사장이 "구글조차도 모든 플랫폼을 어플리케이션으로 지원하기에는 예산이 부족하다."라고 말한 것도 이와 같은 이유에서다.

모바일 웹이 주목받기 시작하다

스마트폰 시대에 대응하여 매력적인 어플리케이션을 만들어도 마케팅 기획이 수반되지 않는다면 다운로드 수를 기대할 수 없다. 다운로드 후 전혀 사용되지 않거나 아예 삭제되는 어플리케이션도 상당하고, 정작 사용자가 많아도 추가 수익

없이 운영비용만 들어가기도 한다. 그렇다고 해서 모바일 유저의 폭발적 증가에 전혀 대응하지 않는다면 어떻게 될까?

모바일 유저를 전혀 의식하지 않는다 해도 사용자들은 모바일 브라우저로 얼마든지 인터넷 서비스에 접근할 수 있다. 다음 그림처럼 PC 화면 그대로(www.naver.com)를 보는 것이다. 단, 작은 액정의 터치폰에서는 정보 인식과 조작에 불편함이 따르는 UI다. 여기에 적

네이버 모바일 웹의 일반 사이트

은 자원만 투여하면 모바일 전용 사이트(m.naver.com)를 만들 수 있다. 플래시, 액티브 엑스 등 모바일에서 사용에 제약이 있는 RIA(Rich Internet Application)를 없애고, 1단 구성으로 정보 콘텐츠를 나열하는 것이다.

모바일 웹은 어플리케이션과 달리 다양한 플랫폼을 지원(cross platform service)하는 것에 있어 추가 자원이 들지 않는다. 네이버의 모바일 웹 페이지(m.daum.net)에 접근하는 사용자가 아이폰을 가지고 있든 안드

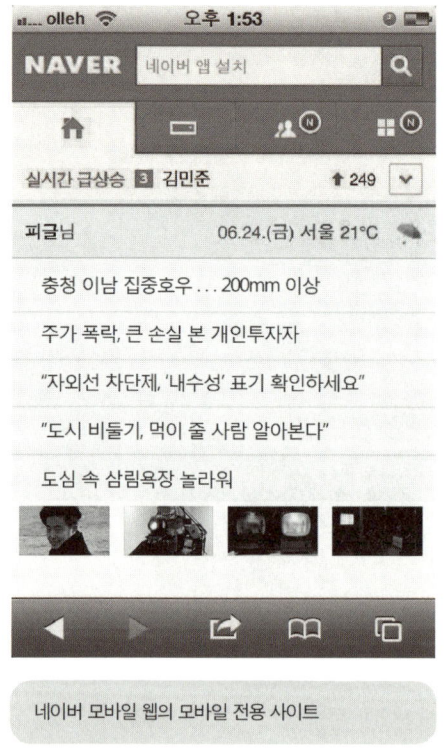

네이버 모바일 웹의 모바일 전용 사이트

로이드폰을 사용하고 있든, 개발자 입장에서는 고려하지 않아도 된다. 어플리케이션은 업데이트를 위해 사용자가 재다운로드를 받아야 하지만, 웹은 개발자가 수정한 내용이 사용자 페이지에 바로 적용된다. 그래서 어플리케이션과 같은 버전 관리가 필요 없다. 스마트폰의 대중화에 이와 같은 멀티 플랫폼 지원의 편의성이 결합되어 모바일 전용 사이트의 숫자는 그림과 같이 크게 늘어가고 있다.

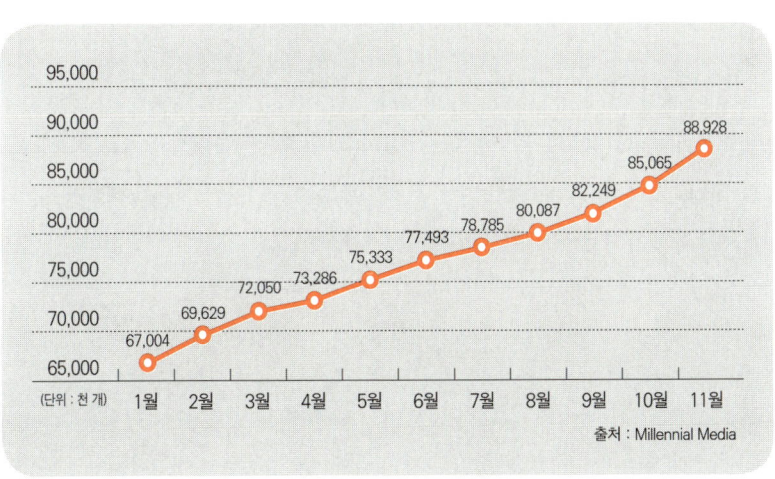

2010년 미국 모바일 웹사이트 개수 추이

더욱이 디바이스 자원에 접근하지 못하고 그래픽 퍼포먼스가 상대적으로 떨어진다는 단점을 보완 및 해결해줄 것으로 기대되는 'HTML5'까지 등장했다.

'HTML5', 어플리케이션과 웹의 경계를 허물다

2008년 하반기에 유료화된 앱스토어는 대한민국 IT업계에도 큰 영향을 미쳤다. 내가 한창 어플리케이션 퍼블리싱 사업을 고민 중이었던 2009년 초, 군산에서 구글 코리아 염동훈 본부장을 만났다. 당시 행사에 참여했던 IT 임원들은 각자의 어플리케이션 사업 계획을 이야기하느라 분주했다. 그런 가운데 염 본부장이 다음과 같은 말을 했다.

> 어플리케이션 시장은 과도기적인 현상이다. 우리가 어플리케이션을 통해서 게임과 온갖 서비스를 이용하는 이유는 웹브라우저가 불완전하기 때문이다. 이는 곧 웹브라우저와 웹이 진화하면 어플리케이션이 불필요해진다는 말과 같다. 곧 있을 구글 I/O 2009의 키노트스피치를 꼭 봐 달라.

고조된 분위기에 찬물을 끼얹을 만한 의미심장한 발언이었지만 주의 깊게 듣는 사람은 없었다. 아마도 애플의 성공에 대한 구글의 시샘 정도로 생각하는 일군과 무슨 말인지 이해하지 못하는 또 다른 부류의 사람들이 대부분이었던 듯하다. 기대감에 부푼 나는 새벽에 시작되는 구글 I/O를 눈이 빠져라 기다렸다. 그리고 드디어 발표된 키노트스피치. 구글 코리아가 전면에 내세운 것은, 어플리케이션과 웹의 경계를 허무는 'HTML5'였다.

우리의 PC에는 MSN, 워드, 파워포인트, 아웃룩, 포토샵 등 적잖은 어플리케이션들이 있다. 그런데 웹서비스들이 강화되면서 이 시장이 위축되고 있다. G메일, 한메일 등 웹 메일을 쓰는 사람들이 아웃룩 같은 어플리케이션 메일을 쓰는 사람보다 많아졌다. 워드나 엑셀을 대신해서 구글 문서도구를 쓰고, 파워포인트 대신 Preezo나 Prezi를 이용하기 위해 웹사이트에 접속하는 사람들이 늘고 있다. 포토샵을 대신하는 Splashup, 일러스트레이터를 대신하는 Aviary, 그리고 Meebo 같은 웹서비스를 통해 MSN 친구들과 채팅하기도 한다.

웹서비스 이용의 장점은 접근하는 디바이스마다 프로그램을 설치하고 데이터를 맞춰야 하는 불편함이 사라진다는 점이다. 웹사이트에 접속하여 로그인만 하면, 바로 이전 결과물에 이은 작업이 가능하다. 데이터가 로컬이 아니라 서버에 있기 때문에 공유나 공동 작업도 한결 편리해진다. 한 사람이 여러 개의 디바이스를 사용하는 OPMD(One Person Multi Device) 시대에, 디바이스에 구속되지 않은 서비스의 필요성이 증대되면서 서비스 사업자들은 어플리케이션보다 웹서비스에 주목하게 되었다.

이렇게 어플리케이션에서 가능하던 서비스를 웹에서 구동되게 할 때 가장 큰 문제는 HTML의 한계다. HTML은 이미지와 텍스트를 보여주는 데 주목해서 만들어진 언어다. 어플리케이션 수준의 기능과 UI를, 웹에서 HTML로 구현하는 것은 불가능했다. 그래서 이를 보완할 수많은 플러그인들이 등장했다. 그 결과 웹에서도 플래시 플러그인을 활용하여 화려한 그래픽과 동영상을 실행시킬 수 있었고, 액티브엑스를 통해 보안이 강화된 금융 거래 서비스를 구축할 수 있었다. 단순한 정보만 보여줄 수 있었던 HTML 웹페이지들이 플러그인들을 통해 풍성해진 것이다.

그러나 이런 플러그인들의 출현은 웹의 가장 큰 장점인 멀티 플랫폼 지원을 약화시키는 결과를 초래했다. 크롬에서는 액티브엑스 설치가 안 되고, 사파리에서는 플래시가 돌아가지 않는다. 액티브엑스를 설치해야만 이용할 수 있는 서비스는 익스플로러에서만 돌아가고, 플래시로 만든 서비스는 아이폰에서 이용할 수 없다. 서비스를 특정 브라우저에 구속되게 만드는 역행을 가져온 것이다.

이러한 한계를 뛰어넘는 것이 바로 HTML5다. HTML5는 플러그인 없이도 풍성한 웹서비스를 구축할 수 있게 해주는 차세대 웹 표준이다. 이 프로젝트에는 구글에서부터 애플, 마이크로소프트, 모질라, 오페라 등 모든 웹브라우저 제작사들이 참여하고 있다.

HTML5가 웹브라우저에서 수용되면 다음의 것들이 가능해진다.

- 웹브라우저의 저장 기능이 강화되어 오프라인 모드를 지원한다. 인터넷이 끊긴 상태에서도 웹서비스에 접근하여 지난 메일을 볼

수 있다.
- 웹브라우저의 그래픽 표현이 강화된다. 자바스크립트만으로 풍성한 그래픽 효과를 웹에서 보여줄 수 있다.
- 영상이나 음악을 웹에서 바로 실행할 수 있다.
- 웹브라우저가 디바이스 자원에 접근 가능해진다. 연락처, 갤러리, GPS, 배터리 정보 등에 접근할 수 있다.

이 모든 것들이 플래시나 액티브엑스 등의 추가적인 플러그인 설치 없이 가능하게 된다. 어플리케이션에서만 가능했던 것들을 HTML5가 웹상에서도 가능하게 만들어주는 것이다.

이것이 시사하는 바가 무엇일까? 모바일 브라우저가 HTML5를 수용하게 된다면 어떻게 될까? 아직 먼 미래로 생각되겠지만 html5test.com에 방문해보면 당신의 브라우저가 HTML5를 어느 정도까지 수용할 수 있는지를 알려준다. 450점 만점 중 크롬은 328점, 파이어폭스 286점, 오페라 278점, 익스플로러 V9.0은 141점이다. 익스플로러를 제외하고는 모두 높은 점수다.

브라우저들의 HTML5 수용도는 이미 높은 수준이다. 그럼에도 불구하고 HTML5를 적용한 웹사이트의 사례를 충분히 접하지 못하는 이유가 뭘까? 웹브라우저 시장에서 절대적 점유율을 차지하고 있는 마이

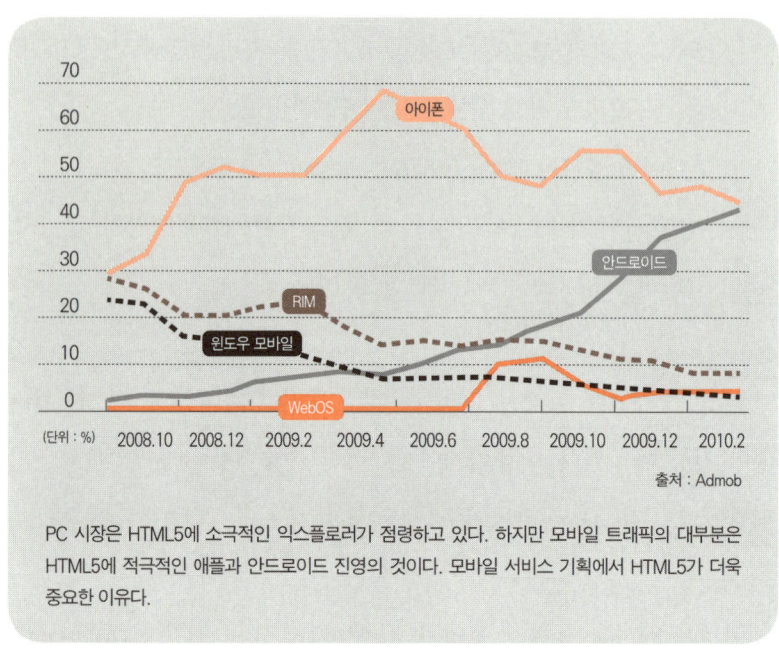

PC 시장은 HTML5에 소극적인 익스플로러가 점령하고 있다. 하지만 모바일 트래픽의 대부분은 HTML5에 적극적인 애플과 안드로이드 진영의 것이다. 모바일 서비스 기획에서 HTML5가 더욱 중요한 이유다.

크로소프트(익스플로러 개발사)가 HTML5 적용에 소극적(최하위 점수인 141점)이기 때문이다.

하지만 모바일로 오면 상황이 달라진다. HTML5를 적극적으로 수용하고 있는 애플과 안드로이드 진영이 모바일 트래픽의 대부분을 차지하고 있다. PC보다 모바일에서 HTML5를 이용한 서비스에 더 주목해야 하는 이유가 바로 여기에 있다. 단조로웠던 모바일 웹서비스들을 HTML5를 이용하여 만들면 어플리케이션에서만 가능했던 다양한 기능과 그래픽 표현을 상당 부분 구현할 수 있게 된다. 멀티 플랫폼 지원이 손쉽게 가능하다는 장점을 그대로 유지한 채로 말이다.

여기 논란이 되고 있는 HTML5 프로젝트가 있다. 80여 명의 개발자로 이루어진 스파르타 프로젝트(Project Spartan) 그룹이다. 이들은 페이스북에 있는 수많은 플래시 게임들을 HTML5로 재개발하는 작업 중에 있다. 이는 애플이 가지고 있는 어플리케이션 게임 시장의 주도권을 전복하는 시도로 평가된다. 이유는 이렇다. 아이폰과 아이패드에서는 애플의 정책에 따라 플래시가 구동되지 않는다. 아이폰 유저들은 징가(Zynga) 등의 개발사가 플래시를 이용하여 만든 페이스북 게임에 접근할 수 없었다. 그래서 아이폰 시장을 공략하는 사업자라면 따로 어플리케이션을 개발해야 했다. 페이스북에서 서비스하는 것이 아니라 애플의 앱스토어에 올리는 것이다. 이를 위해서는 애플의 승인을 받아야 하고, 어플리케이션에서 발생하는 결제(In App Purchase) 금액의 30%를 애플에 수수료로 내야 했다.

이 게임들을 HTML5로 개발하면 플래시를 사용하지 않고도 충분한 기능과 그래픽 효과를 살릴 수 있다. 플래시가 아니기 때문에 아이폰의 웹브라우저 사파리로도 접근이 가능하다. 사람들은 사파리를 켜고 'Cityville.com'을 찾아들어온다. 바탕화면에 게임 사이트로 들어가는 아이콘을 설치한 뒤, 마치 어플리케이션처럼 아이콘을 클릭하여 페이스북의 특정 게임으로 바로 접근한다. 이는 애플과 페이스북의 전쟁이 시작됨을 의미한다. 모바일 게임 시장의 경쟁자가 되어, 한쪽은 수십만 개의 완성도 높은 어플리케이션을 무기로, 또 다른 한쪽은 페이스북이라는 강력한 SNS 위에 올려진 수십만 개의 웹브라우저 게임으로 전쟁을 펼치는 것이다.

지금까지 어플리케이션의 고비용 구조와 OPMD 시대에 주목받는 웹서비스, 그리고 HTML5의 혁신까지 확인해보았다. 모바일 사업자들이 과도하게 주목하고 있는 어플리케이션에 대한 회의적인 시각을 강조한 내용들이다. 물론 어플리케이션 사업에도 희망이 있다. 다만, 확실한 전략도 없이 '좋은 아이디어'에만 기대서 시장에 뛰어들면 절대 안 된다는 것이다.

다음 장부터는 성공적인 어플리케이션 사업 모델에 대해서 알아볼 것이다. '앱스토어 마켓의 시장 특성'과 '기업 규모에 맞는 사업 전략'을 살펴보면서 구체적인 사업 모델을 찾아보자.

앱스토어 마켓의 3가지 시장 특성

꾸준히 잘 팔리는 어플리케이션 찾기

Appshopper.com에서 아래의 조건을 모두 만족하는 어플리케이션을 검색해보자. 이를 통해 2011년 6월 현재, 유료 앱스토어 마켓의 경향을 알 수 있다.

- 검색 조건 1 : 출시 100일 이상 된 유료 게임 어플리케이션
- 검색 조건 2 : 최고 순위가 5위 안에 들었던 어플리케이션
- 검색 조건 3 : 현재 50위 안에 있는 어플리케이션

이 검색 조건은 오랫동안 탑 랭크에 들면서 인기를 끌고 있는 어플리케이션을 찾아준다. 위의 3가지 조건을 만족시킨 게임 목록은 다음

과 같다. 이 게임들을 자세히 살펴보면 어플리케이션 마켓 시장의 3가지 특성을 알 수 있다.

유료 앱스토어 마켓의 스테디셀러 게임 목록

1	Angry Birds
2	Cut the Rope
3	Words with Friends
4	Angry Birds Seasons
5	Doodle Jump
6	Bejeweled2Blitz
7	Plants VS Zombies
8	Tetris
9	Infinity Blade
10	Monopoly
11	Fruit Ninja
12	Scrabble
13	The Oregon Trail
14	Stick Stunt Biker
15	Call of duty : Zombies
16	Family Feud
17	Flight Control
18	Uno
19	Traffic Ruch
20	Ninja Jump Deluxe

첫째, 넌게이머가 핵심 타깃인 이상한 게임 시장

다른 시장과의 차별점을 확인하기 위해, 먼저 국내 온라인 게임 시장을 살펴보자. 게임트릭스에서 발표한 2011년 6월 국내 온라인 게임 순위는 아이온, 서든어택, 워크래프트3, 피파온라인2, 테라, 스타크래프트, 던전앤파이터, 와우, 리니지, 리니지2로 이어진다. RPG와 시뮬레이션 게임이 주종을 이루고, 출시된 지 평균 5년이 넘었다는 특징으로 볼 때, '마니아만 참여하는 시장'임을 알 수 있다.

아이온, 스타크래프트, 서든어택과 같은 게임들을 시작하려면 생각보다 오랜 학습이 요구된다. 이 게임들은 복잡한 인터페이스와 여러 종류의 기능과 규칙으로 이루어져 있다. 게다가 능숙해져야 재미를 느낄 수 있고, 제대로 못하면 팀플레이에 민폐를 끼칠 수 있어 비기너들에게 호의적이지 않다. 한 번 앉으면 최소 2시간 이상은 하게 되는 중독성도 가지고 있다.

순위에서 상위권을 지키고 있는 게임들의 이러한 특징은 게이머가 아닌 사람들이 게임을 하지 않는 이유와 정확히 일치한다. 그들은 어렵고 복잡한 게임을 꺼린다. 중독될 게 두려워 시작조차 하지 않는다. 죽고 죽이는 긴장감과 방대한 지도를 외우고 스킬트리를 파악하는 과정도 피곤할 뿐이다.

이들을 게임 시장에 끌어오기 위해 다음과 같은 게임을 만들었다고 해보자.

- 아이온보다 2배 멋진 캐릭터!
- 테라보다 디테일이 살아 있는 배경화면!
- 서든어택보다 10배 리얼한 총격전!

과연 그들이 흥미를 느낄까? 전혀 아니다. 그들에게 위와 같은 게임은 지금까지 꺼려왔던 게임들과 조금도 다르지 않다. 그동안 아이온과 와우를 능가하고 스타크래프트를 무너뜨릴 RPG와 시뮬레이션 게임을 줄기차게 개발해온 많은 개발사들이 실패한 이유가 바로 여기에 있다. '새로운 유저'를 유인하지 못하고 이미 규정된 시장인 게임 마니아를 두고 경쟁했기 때문에, 기존의 강자가 시장을 수성할 수 있었다.*

앱스토어의 게임 순위는 위의 온라인 게임 순위와 굉장히 판이하다. 앱스토어 시장에서는 게임 마니아를 위한 전통적 장르인 RPG와 시뮬레이션이 보이지 않는다. 대신 쉽고 빠르게 재미를 느낄 수 있는 게임이 인기를 끌고 있다. 이것이 어플리케이션 시장의 첫 번째 특성이다.

---

* 참고로, 출시 이후부터 지금까지 10위 바깥으로 떨어진 적이 없는 리니지는 1998년도에 만들어진 게임이다.

고무줄 총으로 화난 새들을 날려 알을 훔쳐간 돼지들의 본거지를 소탕하는 게임(Angry Birds), 적절한 타이밍에 줄을 잘라 배고픈 개구리에게 캔디를 먹이는 게임(Cut the Rope), 그리고 좌우로 디바이스를 기울여 끝없이 구름을 밟고 점프해 올라가게 하는 게임(Doodle Jump)들이 오랫동안 높은 순위를 차지하고 있다. 어플리케이션 게임과 온라인 게임은 시장을 주도하고 있는 계층이 다르다. 온라인 게임이 마니아들을 위한 시장이었다면, 어플리케이션 시장은 그간 게임을 하지 않았던 넌게이머(Non-Gamer)가 주도하는 시장이다. 어플리케이션 게임을 기획할 때 흔히들 실수하는 것이 있다. 차별화를 명분으로 경쟁 게임보다 기능과 그래픽을 화려하게 만들려고 하는 것이다. 대부분의 경우 그것이 실패 원인이 된다는 것을 알지 못한다. 경쟁사보다 진화된 게임을 만들자는 그들의 의도는, 복잡하고 어려운 게임으로 실현되기 일쑤다. 이는 게임을 하지 않았던 사람들을 타깃으로 한 앱스토어 시장에서는 잘못된 전략이다. 앱스토어 사용자들은, 죽이고 경쟁하는 등의 과도한 긴장감을 주고, 잘하는 사람과 못하는 사람 간의 격차가 심한 부익부빈익빈 게임에 열광하지 않는다. 넌게이머(Non-Gamer)가 핵심 타깃인 이상한 게임 시장이 열린 것이다.

둘째, 가격탄력성이 높아 신생 기업에게 유리한 시장

2010년 초, 전 세계의 대규모 게임 개발사들이 어플리케이션 시장 진출을 선언했다. 그들은 새롭게 열린 시장에서도 패권을 지키기 위해 인력을 대거 충원하고 중소 개발사를 인수하는 등 발 빠르게 움직였다. 그런데, 2년여가 흐른 지금 그들의 시장점유율은 상당히 저조하다. EA, 액티비전, 블리자드, 엔씨소프트, 넥슨, 컴투스, 게임빌 등의 어플리케이션은 순위 안에 없다.

주요 원인은 앱스토어의 높은 가격탄력성(Price Elasticity of Demand) 때문이다. 앱스토어에서는 어플리케이션의 가격이 조금만 높아도 판매량이 급감한다. 20위권 안의 게임 중에서 판매가격이 1달러 이상인 것은 3개뿐이다. 시장조사기관 디스티모(Distimo)는 이러한 가격탄력성에 관한 리포트에서 "전체적인 아이폰 어플리케이션의 가격은 점차 낮아지고 있는 추세이며, 낮은 가격의 앱들이 상위권을 차지하고 있다."고 언급한 바 있다.

이와 같은 상황은 신생 기업에게 더없이 좋은 기회가 될 수 있다. 1달러에 준하는 낮은 가격은 앱스토어 유저의 폭발적 증가에도 불구하고 대기업이 진출하여 유의미한 성과를 내기에는 턱없이 낮은 가격대다. 앱스토어에 접근할 수 있는 디바이스가 2억 대에 달하는데, 이 모든 사람이 앱을 다운받아도 2,000억 원에 불과한 시장이기 때문이다. 아이온의 연간 매출액도 2,000억 원 수준이지만, 어플리케이션은 지속적인 매출 발생에 한계가 있어 직접적인 비교가 힘들다. 그렇다 보니 전통적인 게임 강자들이 전력투구하는 게임 시장이 되지 못하고 있다. 이는 '새로운 유저(넌게이머)'를 타깃으로 하는 앱스토어 게임 시장의 첫 번째 특징과 결합되어, 게임을 처음 만드는 신생 기업에게 매우 유리하게 작용한다. 절대 강자가 없는 시장이기 때문이다.

셋째, 초장기 스테디셀링과 마케팅 포인트

앱스토어 게임 시장의 세 번째 특징은 상위 랭킹 게임들의 지속적인 약진이다. 앵그리버즈, 두들점프, 컷더로프 등 대다수의 탑20 게임들은 적게는 5개월, 길게는 2년 가까이 탑10의 자리를 지키고 있다.

한 번 결제한 어플리케이션은 그 계정으로 로그인하는 여러 대의 단말에 추가 비용 없이 다운로드시킬 수 있다. 또 삭제 후 재설치할 때도 무료로 다운로드가 가능하다(당연히 판매량에도 카운트되지 않는다). 때문에 다운받을 만한 사람들이 다 받고 나면, 더 이상 팔리지 않게 되어 순위가 급락해야 한다. 그런데 앵그리버즈 같은 베스트셀링 어플리케이션은 여전히 1위를 지키고 있다. 이는 아이폰, 아이패드 단말이 아직까지 급성장하고 있고, 그에 따라 새로운 사용자들이 계속해서 밀려온다는 것을 의미한다. 이처럼, 급격한 성장기에 있는 어플리케이션 시장은 새로운 사용자(Starters)가 주도하는 시장이다. 그러므로 아이폰과 아이패드를 처음 쓰게 된 사람들의 니즈를 충족시켜주는 어플리케이션일수록 대중화의 가능성이 높다.

저명한 뇌과학자이자 신경경제학자 그레고리 번스(Gregory Berns)는 사람들이 남들과 동조할 때 안정감을 느낀다는 것을 실험을 통해 증명한 바 있다. 음악의 순위를 알고 들을 때와 모르고 들을 때, 선호도에 큰 차이가 나타난다는 것이다. 다른 사람들의 반응에 따라 나의 선호도가 바뀌게 되는 것인데, 이는 목적성이 뚜렷하지 않은 분야에서 더 뚜렷한 움직임을 보였다고 한다.

실제로 우리가 음악을 선곡할 때를 생각해보자. 목적성이 강한 음악 마니아들은 좋아하는 장르나 가수의 음악을 자신이 직접 찾아서 듣지만, 절대 다수의 캐주얼 음악 소비자들은 인기 있는 곡을 모아놓은 'TOP100'을 듣는다. 음악에 있어 취향이 뚜렷하지 않은 사람들이 다른 사람들의 반응에 더 많은 영향을 받는 것이다.

어플리케이션 게임의 초장기 스테디셀링도 넌게이머의 약한 목적성에서 시작된 동조 현상이다. 목적성이 분명한 마니아 게이머들은 좋아하는 것이 명확하고 해야 할 게임이 정해져 있다. 반면, 넌게이머들은 적당히 재미있는 게임을 찾는다. 특별히 좋아하는 장르나 느낌도 분명하지 않다. 이렇게 선택의 기준이 자기 안에 없다 보니 외부 지표를 참고한다. 결과적으로, 순위가 높거나 주위 사람들이 추천해주는 게임을 다운받는 경향이 강한 것이다.

　사람들의 이와 같은 일반적인 성향은 지인의 추천이 중요한 의미를 갖는 SNS 마케팅의 특성을 다시 한번 일깨워준다.

규모에 따른
어플리케이션 사업 전략

참패를 낳은 **천편일률적 사업 전략**

2000년대 중반까지 모바일 사업은 ROI(Return On Investment : 투자수익률)가 상당히 높았다. 폐쇄적인 이통사 포털(Nate, ez-i, magicN)의 규격에 맞는 콘텐츠를 제작 및 공급하면 특별한 마케팅 활동 없이도 손쉽게 수익을 창출할 수 있었다. 스타화보, 컬러링, 벨소리, 운세, 채팅 등 상품 자체의 경쟁력이 다른 플랫폼 위의 콘텐츠에 비해 우월하지 않았음에도 폐쇄망과 간단한 결제 시스템 등의 요인으로 2000년대 초반부터 급성장했다. 그러다 스마트폰이 들어와 기존의 피쳐폰 시장이 무너지자, 수많은 모바일 기업들이 어플리케이션 산업에 동시에 뛰어들었다. 오픈마켓 게임에 대한 사전심의제도 폐지가 통과되기까지 너무 오랜 시간이 걸렸다는 구실이 있긴 하지만, 어찌되었든 국내 모바일 기업들의 어플리케이션 사업은 전체적으로 참패 수준이다. 그 이유는 기업의 규모에 맞지 않는 천편일률적인 사업 전략 때문이다.

지금부터 어플리케이션에 주목한 사업을 진행할 때 기업의 규모가 커감에 따라 어떠한 전략들을 펼칠 수 있는지 알아보자.

주말을 포기하겠다는 각오면 충분하다 : 1~5인 기업

1~5인 규모의 '창고 Start-ups'는 멤버들의 참신한 아이디어를 바탕으로 어플리케이션을 만들어야 한다. 이것은 모든 기업에게 적용될 것 같지만 그렇지 않다. 참신한 아이디어에 주목하는 것은 그것밖에는 할 수 있는 게 없는 1~5인 기업들에게 적합한 전략이다. 이 정도 규모의 기업이 외부 클라이언트로부터 어플리케이션 개발을 수주받거나, 운영 계약을 맺기란 현실적으로 매우 힘들다. 포트폴리오가 약하고, 기업의 지속 가능성에 대한 신뢰가 낮아 파트너십을 맺기 어려운 것이다.

실제로 1~5인 규모로 어플리케이션 사업을 시작했던 팀들을 30팀 이상 지켜본 결과 6개월 이상 지속된 기업은 단 두 곳뿐이었다. 어썸노트를 개발한 '브리드'와 업다운 사전을 개발한 '워터베어소프트'다. 이러한 창고 Start-ups들은 한두 멤버의 이탈에도 기업의 역량이 크게 감소하는데, 힘들게 어플리케이션을 개발 및 출시한 뒤 시장 반응이 없으면 군대나 취업 등의 이유로 멤버들이 이탈하는 일이 빈번하게 발생했다. 내 경험상 어플리케이션 마켓에 진출하기 위해 창고 Start-ups를 하는 사람들은 첫 어플리케이션을 개발할 때 반드시 '부업' 개념으로 출발하는 것이 좋다. 만들려고 하는 어플리케이션의 규모가 크지 않을수록, 그리고 기획 아이디어만 있고 마케팅 계획이 전혀 수립되지 않았을수록 더더욱 부업으로 생각하는 것이 현명하다. 하던 일을 하면서 시장 태핑 차원으로 접근하는 것이다. 대개의 경우 시장을 낭만적으로 바라보는 경향이 짙어 섣불리 휴학을 하거나 직장을 그만두는데, 그만큼 위험이 크다. 잠을 줄이고 특히 주말을 포기하겠다는 각오 정도면 충분하다.

외주 개발과 내부 아이디어를 분배하는 8 : 2 전략 : 10인 기업

10인 내외의 기업이 되면 상황이 다소 달라진다. 언제 사라질지 모르는 1~5인 규모에 비교하면 안정성이 있고, 규모가 큰 회사에 비할 때는 견적이 저렴하다는 경쟁력이 있다. 그래서 간소한 어플리케이션을 개발해줄 외주사를 찾는 기업들이 선호한다. 이 규모의 기업은 역량의 80% 이상을 어플리케이션 외주 개발에 투입해야 한다. 그렇게 함으로써 기업의 생존 가능성을 높이고, 다양한 포트폴리오를 쌓아가면서 경험과 인사이트를 얻어야 한다. 나머지 20% 이하의 시간은 내부 아이디어를 가지고 어플리케이션을 만드는 데 쓴다. 실패할 수도 있지만, 하나의 어플리케이션에 기업의 운명을 거는 부담은 사라진다. 이것이 바로 10인 내외 규모의 기업에게 가장 효율적인 8 : 2 운영 방식이다.

　1990년대 후반에서 2000년대 초반까지 기업은 물론 동네 음식점들도 홍보를 위해 홈페이지를 만드는 붐이 일어났었다. 당시 연봉 1억 원이 넘는 플래시 디자이너들도 있었다. 웹 에이전시들이 창궐했고, 그중 '이모션'과 같은 상장 기업도 생겨났다. 지금의 어플리케이션 시장도 바로 그와 같은 시기에 있다고 할 수 있다. 기업마다 각자의 어플리케이션을 개발하려 하지만, 그동안 해왔던 사업이 아니라서 조직 내에 경험을 갖춘 내부 인력이 없다. 그렇다고 전문 인력을 충원하기도 쉽지가 않다. 어플리케이션을 지속적으로 개발할 생각은 아니기 때문에 인력 충원이 부담스러운 것이다. 프리랜서를 고용하는 것도 운영 및 보수에 대한 안정성이 떨어져 꺼린다.
　상황이 이렇다 보니 유능하고 신뢰할 만한 어플리케이션 외주 개발사를 찾는 기업들이 점점 더 많아지고 있다. 지금이야말로 10인 규모 기업들이 성장하기에 아주 좋은 환경이다. 물론 내부 아이디어에 전사 자원을 투입하여 과감하게 도전해보는 것도 좋다. 하지만 사업을 시작하고 성공시키기 위해 필요한 것 중에서 가장 흔한 자원이 '아이디어'라는 사실을 간과해서는 안 된다. 아이디어가 부족하여 실패하는 경우보다, 경험과 시장에 대한 이해 혹은 자금이 부족하여 해체하는 기업들이 훨씬 더 많다.

80%의 자원을 외주 개발에 투입하면 회사 운영에 필요한 자금과 시장에 대한 이해를 동시에 얻을 수 있다. 나머지 20%의 자원만 내부 기획 어플리케이션 개발에 투자해도 충분하다. 개발자 7명, 디자이너 2명, 기획영업 2명으로 구성된 11명 규모 회사의 8:2 운영 방식은 이렇다.

개발자 2~3명으로 구성된 3개의 팀이 각자의 프로젝트를 진행한다. 디자이너와 기획영업자는 모든 프로젝트에 공동 참여한다. 각 팀별로 3~4개의 외주 개발을 마치고 나면, 그 뒤 프로젝트는 내부 기획으로 어플리케이션을 개발한다. 한마디로, 순환형 과업모델이다. 결과물의 수익 일부는 직원에게 인센티브로 지급하는 제도도 필요하다. 외주 개발로 지친 직원들에게 확실한 동기부여를 심어주면서, 큰 비용을 들이지 않고 기업의 모멘텀 또한 만들 수 있다.

규모에 따른 어플리케이션 사업 전략

중대기업 : 마켓 구축, 플랫폼 사업
중소기업 : 퍼블리싱 사업
30인 기업 : 80% 외주 개발, 고급 개발, 저작권 확보
10인 기업 : 80% 외주 개발
창고 Start-ups : 아이디어로 승부, Side-Job

원천 콘텐츠의 저작권을 확보하라 : 30인 기업

　　　　　　　　　　30인 내외의 기업은 어떻게 해야 가장 효율적일 수 있을까? 똑같이 8:2의 배분으로 외주와 내부 기획개발을 하되, 사업 전략은 달라야 한다. 기업이 커갈수록 직원 1인당 비용은 늘기 마련이다. 그래서 똑같은 어플리케이션 개발비용을 10인 기업이 5,000만 원의 견적으로 제시한다면, 30인 규모는 그보다는 많이 받아야 기업을 운영할 수 있다. 작은 기업이 잘하고 있는 산업에 더 큰 기업이 뛰어들어 성공하려면 상위 전략이 있어야 한다.

　　캡콤(Capcom)은 스트리트파이터와 레지던트 이블 같은 마초 게임으로 유명한 회사다. 이 회사에서 아이폰 소셜게임을 출시할 것이라

는 소문이 돌았을 때, 그것이 캡콤의 마지막 게임이 될 거라는 시장의 예측이 있었다. 캡콤의 최근 출시작들이 줄이어 실패한데다, 위룰(WeRule)이라는 소셜게임이 이미 아이폰을 휩쓸고 있는 상황이었기 때문이다. 게다가 내로라하는 회사들이 위룰을 넘어선다며 그래픽과 온갖 게임 요소를 강화하여 아이폰 소셜게임을 출시했지만, 하나같이 실적이 좋지 않았다. 그런데 시장의 예측과 달리 캡콤의 게임은 출시와 동시에 성공 가도를 달렸다.

캡콤이 출시한 소셜게임 '스머프 빌리지'는 2011년 6월 현재 아이폰에서만 1,500만 개의 다운로드 수를 기록했고, 캡콤의 추락했던 주가도 회복시키는 효자 상품이 되었다. 스머프 빌리지는 게임의 형식과 내용면에서 기존의 것들과 비교해 큰 차별점이 없다. 다만, 경쟁사들이 게

스머프 캐릭터의 라이선스를 확보해 성공한 캡콤의 스머프 빌리지

임의 기획과 개발에 큰 공을 들일 동안, 캡콤은 캐릭터 라이선스 확보를 위해 노력했다. 일반적인 소셜게임에 스머프 캐릭터를 입힌 이들의 전략은 크게 성공했다.

유동자금이 넉넉하지 않은 30인 내외 규모의 기업에게 프로젝트의 실패는 치명적이다. 규모가 커진 만큼 프로젝트에 투자하는 비용도 커지고, 기본적인 기업 운영비용도 상당하기 때문이다. 그래서 최소한의 매출이 보장되거나 마케팅 효과를 극대화할 수 있는 저작권 확보 문제

저작권 확보를 통한 성공 가능성 확대는 30인 이상 규모의 기업에게 중요한 전략 중 하나다

마룬5, 레이디 가가 등의 음원 라이선스를 확보하여 성공한 탭탭 리벤지

매출이 지속적으로 발생하는 사전 어플리케이션

가 매우 중요하다. 이 규모의 기업들은 10인 내외의 기업들이 접근하기 힘든 음악, 도서, 스타, 영화, 드라마, 캐릭터 등 원천 콘텐츠에 대한 라이선스를 확보하여 탭탭 리벤지(TapTap Revenge)와 같은 리듬액션 게임을 만들거나, 소녀시대 틀린그림찾기류의 팬덤 공략 어플리케이션을 만들어야 한다. 또는 사전이나 성경 같은 스테디셀링 콘텐츠에 대한 라이선스를 획득하여, 그 위에 독자적인 기획을 입히는 것도 좋은 방법이 될 수 있다.

앞서 설명한 대로 이 규모의 회사들은 같은 어플리케이션을 놓고 상대적으로 규모가 작은 기업과 견적 싸움에서 이길 수 없다. 기업의 운영비용(원가)이 그들보다 높기 때문이다. 그러므로 하위 기업이 뛰어들 수 없는 시장으로 눈을 돌려야 한다. 바로 고급 기술 어플리케이션들이다. 예를 들어, 금융, 유무선 연동형 서비스, 그래픽 UI가 뛰어난 어플리케이션 등의 고급 개발 능력이 필요한 시장에 적합한 인력을 갖춰야 하는 것이다. 고급 기술 어플리케이션은 부가가치가 높고, 경쟁이 치열하지 않은 현 시기의 블루오션이다. 고급 인력이 많은 큰 기업들은 외주 개발에 능동적이지 않고, 하위 그룹은 능력이 되지 않기 때문이다. 이와 같이 30 내외 규모는 다양한 원천 저작권 확보와 인력 구조 강화를 전략으로 세워야 한다.

리폼&리퍼블리싱 전략 : 중소기업

이번에는 50인이 넘는 중소기업이 전략적으로 나아갈 길을 살펴보자.

어플리케이션 마켓을 공략한 중소기업들 중 상당수가 다작 중 일부의 성공을 전략으로 삼았다. 어플리케이션 개발비용을 과소하게 예상했기 때문에 가능했던 이 전략은 줄줄이 무너졌다. 다작의 개발비가 상당했고, 일부 성공의 수익은 보잘 것 없었던 것이다. 50인이 넘는 중소기업에게는 다작 중 일부의 성공이 아닌, 다음과 같은 리폼&리퍼블리싱 사업 전략이 적절하다.

1 다음의 조건을 모두 만족하는 어플리케이션 추출 알고리즘을 개발한다

- 출시된 지 5개월 이상된 어플리케이션
- 출시 이후로 가격이 낮아진 어플리케이션
- 현재 순위가 500위권 바깥인 어플리케이션
- 월 5회 미만의 댓글 및 평가가 생성되며, 그 평점이 별 4개 이상인 어플리케이션

→ 평점이 나쁘지 않으면서 판매가 매우 저조한 어플리케이션
  = 개발자도 포기한 잘 만든 어플리케이션

2 내외부 평가단의 평가

- 추출된 어플리케이션 중 자사 사업 방향에 어울리는 것 선별

3 계약

- 개발자와 양수도(구매) 계약 혹은 퍼블리싱 계약 체결
- 소스, 디자인, 기능 등의 리폼 진행
- 퍼블리싱 계약일 경우 수익에서 50% 정도는 자사 수익화(이미 포기한 어플리케이션이므로 가능할 수 있음)
- 혹은, (마찬가지로 이미 포기한 어플리케이션이므로) 저렴한 가격으로 소스 구매 가능

4 기능 개선 및 아이덴티티 구축

- 아이콘부터 어플리케이션 내부까지, 그래픽 UI에 브랜드 아이덴티티 투영
- 기능 개선 개발
- 개선 개발은 내부 인력이 아닌 산학협동의 방식으로 해결(리폼 사업은 학생들이 한 학기 동안에 많은 어플리케이션을 다뤄볼 수 있는 구조다. 산업의 경험을 흡수하고 싶어 하는 많은 공과대학과 협의할 수 있다.)

5 재출시 및 마케팅 진행

- 사업 초기, 구매 어플리케이션 중 일부는 브랜드 마케팅을 위해 무료로 배포
- 어플리케이션 추천 사이트를 구축하여 마케팅 기지로 활용

    어플리케이션 시장에 뛰어드는 개인 개발자와 기업들이 많아지자 실패한 어플리케이션들도 함께 늘어났다. 좋은 아이디어를 가지고 몇 개월을 투자하여 개발한 어플리케이션의 다운로드 수는, 그들이 아는 지인의 숫자보다 적었다. 타이틀을 잘못 잡아서 검색 시 유사 키워드의 수많은 어플리케이션 뒤로 밀려나 사실상 존재 자체가 눈에 띄지 않는 것들도 많다. 이렇게 사장되는 어플리케이션은 점차 늘어갈 것이다. 그리고 이것은 누군가의 사업 기회가 될 수 있다. 버려진 어플리케이션들의 리폼&리퍼블리싱 사업을 하는 것이다. 지금도, 산학협동이나 앱센터 등과의 공조로 위와 같은 사업을 충분히 진행할 수 있다.

어플리케이션 마켓 사업 : 중대기업

마지막으로 중대기업을 살펴보자. 중대 규모의 기업은 외주 개발로 버는 인건비로는 기업을 유지할 수 없다. 내부 기획 어플리케이션으로 승부를 걸어 볼 수도 있겠지만, 일반적으로 사업 아이디어는 기업의 규모가 커질수록 안 좋아진다. 아래로부터 겹겹이 쌓인 위계질서를 뚫고 인정받은 아이디어는 황당하지 않은 평범한 기획이기 쉽다. 시장 트렌드를 읽는 속도와 그에 맞는 조직 변화도 느리다. 어플리케이션을 하나씩 소싱하고 재개발하여 마케팅까지하는 리폼&리퍼블리싱 사업도 역시 이 규모의 기업에 적합하지 않다. 그럼 무엇을 해야 할까?

답을 찾기 위해 안드로이드 마켓을 살펴보자.

안드로이드 마켓은 구글이 관여하지 않는다. 판매 대금의 30%를 가져가는 애플과 달리 수수료도 없다. 일체 관여하지 않으니, 당연히 품질 검증(어플리케이션 등록 정책)도 없다. 그래서 해킹 어플리케이션이 난무하고, 고지된 기능이 구동되지 않거나 전혀 다른 콘텐츠를 담고 있는 어플리케이션도(심지어 껍데기뿐인 테스트 버전도 있다) 마켓에 올려 판매할 수 있다. 실제로 얼마 전에는 배터리 잔량을 정확하게 표시해주는 중국산 어플리케이션을 무료로 다운받은 수십만 명의 국내 안드로이드폰 이용자들이 해킹 피해를 입기도 했다. 새벽마다 어플리케이션이 혼자 실행되어 휴대폰에 저장된 문자메시지와 연락처, 사진들을 중국에 있는 정체불명의 서버로 전송해온 것이다. 새나간 정보들은 아마도 보이스피싱을 위한 데이터로 쓰이고 있을 것이다. 이처럼 안드로이드 마켓은 사용자들의 신뢰를 얻기 힘든 마켓이다. 지속 가능한 사업의 장이 될 수 없는 이런 마켓을 구글은 왜 만든 걸까?

안드로이드 마켓에서는 누구나 독자적인 정책을 가진 마켓을 오픈할 수 있다. SKT가 T스토어를 오픈하고, 이통사를 구분하지 않은 오마앱(Omyapp)이라는 마켓이 오픈된 것처럼 누구에게나 열려 있다. 해외에서 가장 대표적으로 언급되는 마켓 사례로 마이캔디(mikandi.com)와 아마존 앱스토어가 있다. 하나씩 살펴보자.

마이캔디는 안드로이드에서 성공한 포르노 콘텐츠 마켓이다. 시애틀에 있는 마이캔디사는 2009년 11월 마이캔디라는 동명의 어플리케이션을 만들어 배포했다. '성인들을 위한 자유로운 콘텐츠 마켓'을 표방하며 대대적인 마케팅을 했고, 현재까지 전 세계 500만 명 이상의 안드로이드폰 유저가 다운받았다.

주목해야 할 점은, 콘텐츠를 만드는 주체가 마이캔디가 아니라는 점이다. 즉, 마이캔디는 콘텐츠를 스스로 제작하지 않고, 전 세계에 흩어져 있는 다수의 포르노 콘텐츠 제작사들이 만든 성인 영상물을 올리는 것이다. 독자적인 마케팅 능력이 없는 제작사들은 자사의 플랫폼보다 마이캔디에서의 서비스를 더 유의미하게 생각한다. 마이캔디는 사용자들이 이미 모여 있는 마켓이기 때문이다. 제작사들이 콘텐츠를 만들어 마이캔디에 제안하면, 운영 부서에서는 사전 고지된 정책에 따라 평가한 후 콘텐츠를 승인 혹은 거부한다. 사용자들은 뒤이어 출현한 다수의 성인 어플리케이션 중에서도 마이캔디를 선호한다. 풍성한 무료 콘텐츠는 물론, 유료 콘텐츠에 대해서도 마이캔디가 보장하기 때문에 돈 내고 볼만하다는 믿음이 생겼기 때문이다.

아마존 앱스토어는 아마존이 독자적으로 운영하는 어플리케이션 마켓으로 2011년 3월에 오픈했다. 마이캔디는 성인 콘텐츠만 전문적으로 다루는 특수 목적 마켓이지만, 아마존 앱스토어는 종합 마켓이다. 오픈 당시 앵그리버즈 풀버전을 무료로 배포하여 주목을 끌었고, 연이어 애플 앱스토어에서 인기 있는 어플리케이션을 사들여와 무료로 배포하고 있다. 이렇게 사용자들을 모아놓으면, 이곳을 통해 어플리케이션을 판매하고 싶은 개발사들도 늘어날 것이다. 많아진 어플리케이션은 다시 사용자들을 불러모으는 기폭제가 되는 선순환을 그리게 된다.

중대 규모 사업자의 어플리케이션 사업 전략은 이와 같은 마켓플랫폼의 구축이 되어야 한다. 하나의 어플리케이션을 잘 만들어 성공시켜도 지속적인 매출이 발생하기 힘들다. 차기 어플리케이션의 성공을 보장해주지도 않는다. 그러므로 어플리케이션의 개발은 중소개발사들에게 맡기고, 그것들을 잘 선별하여 위탁판매해주는 마켓을 만들어야 한다. 기업의 규모가 커갈수록 제품 제작보다는 인프라 구축으로 옮겨가야 한다. 그렇다고 무조건 모든 종류의 어플리케이션을 판매하는 통합 마켓을 만들라는 것은 아니다. 마이캔디처럼 특수 목적 마켓을 만드는 것이 더 좋다. 예를 들어보자.

웅진 씽크빅은 우리나라 아동서적 전문 기업이다. 3만 5,000여 권의 책을 출판했고, 초대형 베스트셀러도 다수 보유하고 있다. 이와 같은 기업은 안드로이드 시장에서 특수 목적 마켓을 만들 수 있다. 아동서적은 게임, 엔터테인먼트, 유틸리티 등 사람들이 많이 찾는 다른 카테고리에 비해 수요층이 얇다. 그래서 SKT의 통합 마켓인 T스토어 같은 곳에 공급했을 때, 잘 팔리는 다른 어플리케이션에 묻히게 된다. 아이를 키우는 부모들도 T스토어보다는 아동 전문 마켓을 찾는다. 그곳에 접속하면 아동 관련 유용한 무료 어플들이 잘 정리되어 있고, 아동 전문가의 추천 그리고 아동의 발달 수준별 어플리케이션을 종합적으로 만나볼 수 있기 때문이다. 이렇게 독자 마켓을 구축하면 1차적으로는 마켓 오너에게 지급하는 30%의 수수료가 없어진다. 게다가 다른 제작사의 어플리케이션이 판매될 때마다 매출의 30%를 수수료로 받게 된다. 아동교육만이 아니다. 외국어를 공부하는 사람들을 타깃으로 한 마켓, 한류 스타를 좋아하는 사람들을 위한 마켓 등 특정 계층의 사용자들을 만족시키는 서비스를 구성하여 마켓을 구축할 수도 있다. 또한, P2P 거래(중고 장터 등) 등 어플리케이션 시장에서 마켓 오너의 정책 때문에 불가능했거나 권위 있는 사업자의 중개가 필요한 마켓 구축도 가능하다.*

어플리케이션 사업에서 기업 규모에 따른 사업 전략을 강조하는 이유는 대학생에서부터 중견 기업까지 '그럴싸한 어플리케이션 개발'에 너무 큰 기대를 걸고 있기 때문이다. 규모가 작을수록 아이디어에 의존할 수밖에 없다. 가진 건 아이디어뿐이기 때문이다. 규모가 커지면 번뜩이는 아이디어보다는 명확한 산업 이해에 기반한 인프라 사업 쪽으로 옮겨가야 함을 명심해야 한다.

*중대 규모 사업자를 위한 마켓 전략에 대한 다양한 사례들은 이어지는 네 번째 장에서 살펴보도록 하자.

어플리케이션, 예정된 실패 피하기

1 모바일 서비스를 '어플리케이션을 만드는 것'으로 한정 지으면 예정된 실패를 낳는다. 개발비도 상당하지만, 그보다 더 큰 운영비가 뒤따르기 때문이다. 카카오톡 같은 범용 어플리케이션의 경우, 다양한 플랫폼과 디바이스를 아우를 수 있는 버전 관리가 필요한데, 일반적으로 연간 운영비용이 최초 개발비의 4배를 초과한다.

2 PC보다 스마트폰의 HTML5 수용도가 훨씬 높기 때문에, 모바일 웹이 어플리케이션의 기능과 UI를 쫓아가는 속도가 더 빠르다. 그러므로 서비스를 기획할 때 어플리케이션과 모바일 웹을 면밀히 검토한 후 방향을 결정해야 한다.

3 어플리케이션 사업은 기업의 규모가 작을수록 아이디어에 의존한다. 규모가 커갈수록 외주 개발을 통해 경험과 자원을 얻고, 저작권을 획득하거나 금융 등의 고급 어플리케이션 개발 시장을 개척해야 한다. 그리고 중대 규모의 사업자라면 마케팅 파워에 기반한 퍼블리싱 사업과 마켓(플랫폼) 구축으로 이어지는 인프라 사업으로 확장시켜야 한다.

4 앱스토어에서 성공한 어플리케이션들을 살펴보면, 전통적인 강자가 없고, 게임을 하지 않던 사람들이 타깃인 이상한 게임 시장이 열렸다는 것을 알 수 있다.

공개된 자료를 활용해 새롭게 'Mash-Up'하라!

Issue & Insight

누구나 사용할 수 있는 'Open API'

2010년 11월, 당시 고등학생이었던 유주완 군이 개발한 '서울버스'라는 어플리케이션이 세간의 주목을 받았다. 사용자 위치에 기반한 버스 노선 알리미 어플리케이션을 만든다고 가정해보자. 먼저, 사용자가 목적지를 입력하면 지도 위에 해당 버스를 탈 수 있는 정류장이 표시되어야 한다. 그리고 정류장 아이콘 위에는 버스 번호, 대기 시간, 목적지까지의 예상 소요 시간이 함께 보여져야 한다. 이러한 어플리케이션을 개발하기 위해서는 지도, 버스 노선 정보, 버스의 실시간 위치값이 필요하다.

만약 Open API가 없는 상황에서 유주완 군이 서울버스 어플리케이션을 개발하려면, 지도를 제작하고, 서울 시내 모든 버스 노선 정보를

DB화시키는 것은 물론, 버스의 실시간 위치값을 알기 위해 버스마다 GPS 센서를 부쳐야 했을 것이다. 하지만 Open API 덕분에 2010년 중순에 개발을 시작하여 같은 해 11월에 완성할 수 있었다.

Open API는 모두에게 공개된 프로그램 인터페이스이다. 자사가 가지고 있는 서비스와 데이터를 외부에 공개하여 누구나 쓸 수 있게 한다는 것은 쉽게 납득할 수 없는 기업 활동이다. 그런데 구글맵이나 페이스북은 제3자가 접근하여 새로운 서비스를 만들 수 있도록 자사의 플랫폼을 공개하고 있다.

구글맵 위에 전 세계 지형 정보를 올리는 것은 당연히 구글의 몫이다. 하지만 전 세계 병원·중국집·학교·극장·버스 노선도 등 사용자에게 매우 유의미하지만 자주 변경되는 위치 정보들을 구글 스스로 전부 올리는 것은 불가능에 가깝다. 가능하다고 보더라도 업데이트 주기가 길어지므로 정확도가 떨어질 것이다. 이는 글로벌로는 유의미하지만, 로컬에서는 국가별로 존재하는 지도 서비스 업체에 백전백패하는 결과를 낳을 수밖에 없다. 그래서 구글맵은 Open API를 발표했다. 이에 따라 버스 회사는 시민들에게 노선을 알리기 위해 지도를 직접 제작하거나 지도 제작 업체와 계약을 맺을 필요가 없어졌다. 구글이 공개한 구글맵 위에 경로 정보를 그려서 자사의 웹사이트에 공개할 수 있게 된 것이다. 이 경우, 구글이 정보 수집 및 작성을 직접 하지 않아도 구글맵 위에 버스 노선도가 그려지게 된다.

페이스북 역시 마찬가지다. 페이스북이 Open API를 공개하지 않았다면, 사용자들이 현재와 같은 많은 게임들을 경험하지 못했을 것이다. 결과적으로 페이스북은 여전히 마이스페이스보다 작은 SNS로 머물렀을 게 분명하다.

웹서비스 기업들이 자사의 정보와 서비스를 Open API 형태로 공개하는 이유는, 빠른 속도로 회사가 급성장할 수 있기 때문이다. 내부 인력으로는 도저히 해낼 수 없는 속도의 성장이 가능한 것이다. 기업뿐 아니라, 공공정보도 Open API 형태로 공개되고 있다.

- 서울시 모바일 공공정보 Open API 서비스
- 국가 지식 포털

국내에서는 대표적으로 위의 두 곳에서 공공정보의 Open API를 운영하고 있다. 개발자들은 이곳을 통해 지하철과 버스 도착 정보, 어린이 보육시설 서비스, 공공 취업 정보, 문화재 정보, 기상 정보, 공연 및 전시 정보 등 3억 건에 이르는 공공정보에 접근할 수 있다. 그리고 이 정보들을 활용한 다양한 서비스(버스 도착 알리미, 내 근처 문화재 보기 등)를 개발해나가고 있다. 공공기관이 직접 서비스를 만드는 것보다 빠르고 다양한 서비스들이 만들어진다.

네이버가 공개한 Open API 중 가장 인기 있는 것은, '실시간 검색 순위'다. 개발 중인 어플리케이션이나 웹서비스에 이 API를 적용하면, 네이버의 실시간 검색 순위가 보여진다. 개발자 입장에서는 손쉽게 사용자들에게 실시간 정보를 제공할 수 있어 편리하다. 여러 경로에서 실시간 순위를 보게 된 사용자들은, 자세한 내용을 보려고 클릭을 하여 네이버 검색 결과로 이동한다. 유입 채널이 확대된 네이버도 이득이 크다. 이것이 바로 Open API의 힘이다.

음악 취향을 좌표화시킨 최초의 서비스, 'FavMap'

매쉬업은 한 개 이상의 정보 소스를 하나의 UI에 통합하여 만든 서비스를 일컫는다. 다음 사이트들은 다양한 기관과 기업이 공개한 서비스와 데이터를 혼합(mash-up)한 가장 일반적인 Mash-Up 사례들이다. 이를 살펴보고 제시하는 서비스를 기획해보자.

다음의 사이트(www.twumped.com)는 트위터에 헤어진 연인을 잊지 못한다는 글을 올린 사용자를 추출하여 보여준다. 'dumped' 'broken up with' 등의 이별을 뜻하는 단어와 'boyfriend' 'sweetheart' 등이 함께 들어 있는 글이 추출 대상이다. 많은 사람들이 방문하는 이 사이트는 이별을 경험한 남자와 여자를 나누어서 보여주는데, 이것은 향후 매치

메이킹 사이트로 발전할 가능성이 다분하다. 이곳에 오면 남자 친구랑 헤어진(그래서 지금 솔로인) 여성들을 사진과 함께 볼 수 있다. 트위터로 말을 걸 수도 있고, 그녀가 그간 트위터에 남긴 글을 볼 수도 있다. 트위터의 Open API를 활용하여 만든 이런 기능의 사이트를 Open API 없이 처음부터 만들어야 했다면 많은 자원이 필요하다. 우선, 이별을 경험한 사람들에게 이 사이트를 홍보해야 한다. 방문한 사람들이 그들의 이별 이야기를 이곳에 작성할 수 있도록 회원가입부터 글쓰기까지 전부 개발해야 한다. 하지만 Open API를 활용하여 트위터의 정보를 가져음으로써, 기획 완료 후부터 1주일이면 충분히 개발해낼 수 있다.

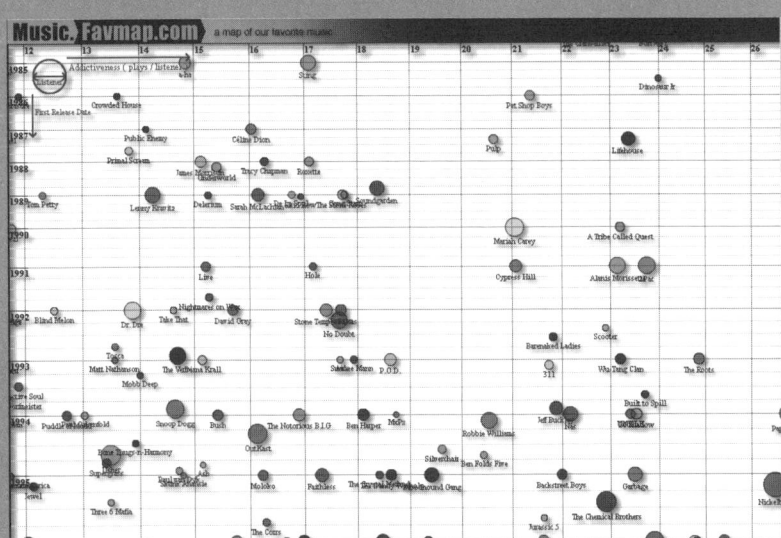

이 사이트(http://music.favmap.com)는 음악의 성향을 좌표화시킨 최초의 서비스다. Blip.fm이나 유튜브상에 올라온 음악들의 최초 공개 시점을 Y축으로 하고, 사람들의 반복 청취(중독성) 횟수를 X축으로 하여 음악의 좌표를 표시해준다. 발표된 지 오래된 곡일수록 위쪽에 표시되고, 사람들이 빈번하게 들을수록 우측에 나타나게 된다. 오래되었지만 여전히 많이 듣는 비틀즈의 음악은 우측 상단에, 최근 발표된 인기 없는 곡들은 좌측 하단에 표시되는 것이다. 이 좌표는 유사 음악 추천, 유사 음악을 좋아하는 사람 간 교류 등의 씨앗이 될 수 있다. 유튜브나

Blip.fm의 Open API가 없었다면, 음악을 이와 같은 객관적 수치로 좌표화하는 일은 불가능했을 것이다. DB의 볼륨을 어디까지 잡느냐의 문제가 있긴 하지만, 이 사이트 역시 개발하는 데 들어가는 시간은 디자인 포함 1주일이면 충분하다.

Mash-Up, 새로운 서비스 기획의 가능성

이전에는 불가능했거나 많은 자원을 투입해야 했던 서비스들이 매쉬업을 통해 짧은 시간 내에 완성되고 있다. 공개되어 있는 서비스와 데이터를 충분히 활용한다면, 새롭고 다양한 서비스 기획이 가능하다. 트위터의 Open API를 활용하여 랭킹을 부여하는 서비스를 만들 수도 있다. 영화 '써니'가 '쿵푸팬더2'보다 트위터에서 더 많이 회자되었다면, 더 높은 순위를 부여하는 것이다. 혹은 보다 정교화할 수도 있다. 영화 제목과 긍정적인 단어가 함께 트윗되었다면 가산 점수를 주고, 부정적인 단어와 함께 트윗되면 차감하는 것이다. 한마디로, 소셜랭킹 서비스가 되는 것이다. 구글맵 위에 뉴스 아이콘을 흩어놓아, 원하는 지역과 관련된 뉴스를 지도상에서 비주얼하게 선택해서 볼 수 있는 서비스 개발도 가능하다. 성범죄자의 전자발찌를 통한 위치 정보값이 실시간으로 공개된다면, 이 API를 활용하여 내 아이의 위치(휴대폰 GPS)와 성범죄자의 위치가 겹칠 때 자동으로 부모에게 문자나 전화가 가는 서비스도 쉽게 만들 수 있다.

Mash-Up이 중요한 이유는 크게 2가지다. 첫째, 서비스 기획과 개발에 걸리는 시간을 혁신적으로 줄인다는 것. 둘째, 외부에 있는 풍성한 데이터들을 가져와서 사용할 수 있다는 것이다. 만약 데이터가 Open API로 공유되지 않았다면, 스스로 정보를 수집하고 축적하는 데 오랜 시간이 걸렸거나 아예 불가능한 일이었을 수도 있다. 누가 굳이 신생 사이트에 와서 남자 친구와 헤어졌다고 말해주겠는가? 회원가입부와 로그인 부분까지 SSO(Single-Sign-On)로 처리해버린다면, 개발 공수는 최소화하면서도 사용자 만족도가 높은 서비스를 개발할 수도 있다.

> **Q.** 온라인 영어 교육 사이트를 Mash-Up으로 기획해보자.

전통적인 방식이라면 강사를 섭외하고 커리큘럼을 만들어 영상 콘텐츠를 제작한다. 서비스 사이트에 스트리밍 솔루션을 구매 혹은 개발하여 붙이고, 사용자의 영상물 감상에 따른 적잖은 트래픽 비용이 발생한다. 회원 DB를 관리하고, 사용자들과 커뮤니케이션할 게시판 개발 비용도 감당해야 한다. 이를 Mash-Up을 통해 최소한으로 간략화하여 기획해보자. 각자 고민을 통해 아이디어를 내보고, 다음의 모범 사례와 비교해보도록 한다.

모범 사례

- 별도의 회원가입 없이 페이스북이나 싸이월드의 계정으로 로그인할 수 있게 한다.

  SSO를 활용으로써 회원가입부, 회원 DB 구축 및 관리비용이 절감된다.

- 유튜브에 있는 영상들을 자신의 사이트에 노출하는 것으로 영상물 제작을 대체한다.

  '오바마의 연설 장면' '스티브 잡스의 프리젠테이션' 등 명사들의 강연이나 기타 유의미한 영상들을 유튜브에서 발굴하여 가져온다. 막대한 제작비를 들여 만든 자사의 커리큘럼과 영상물보다 훨씬 매력적일 것이다.

- 영어 공부를 위한 스크립트 작업 후, 영상이 보여지는 화면 우측에 공개한다.

  영상을 보여주는 방식과 스크립트와의 인터랙션이 서비스 기획의 핵심이다. 영상을 유료로 보여주는 기획은 위험하다. 법적인 문제가 발생하고, 서비스의 매력을 떨어트린다. 사용자들은 유튜브에서 얼마든지 볼 수 있는 영상을 보기 위해 이 사이트에 들어오는 것이 아니다. 유료화를 한다면 스크립트 영역의 강점에 기반해야 한다.

- 게시판은 소셜 댓글로 개발한다.

  소셜 댓글은 트위터, 페이스북 등의 계정으로 로그인하여 댓글을 다는 구조를 말한다. 이때 사용자의 트위터와 페이스북에 내용이 함께 올라가게 된다. 팔로어들과 친구들에게 전파되어 상당한 구전 마케팅(viral marketing) 효과를 얻을 수 있다.

전통적인 온라인 영어 강의 사이트들의 개발 프로세스는 다음과 같다.

- 강사 섭외 → 커리큘럼 제작 → 영상물 촬영 및 편집 → 스트리밍 사이트 개발 → 트래픽 비용 부담

개발비용이 상당하고 지속적인 콘텐츠 제작을 위한 운영비용도 만만치 않았다. 매쉬업을 통해 위와 같이 개발하게 되면, 개발 원가를 파격적으로 줄일 수 있다. 스크립트 콘텐츠 제작 기간을 제외한 순수 개발 기간은 2주일이면 충분하다. 소셜 댓글로 홍보 수단도 갖추게 되어 서비스 성장에도 도움이 된다.

내부의 자원만으로 서비스를 개발하던 시대는 끝났다. Open API 형태로 공개되어 있는 수많은 서비스와 데이터를 자사 서비스에 활용할 방법에 대한 끊임없는 연구가 필요한 때다.

Insight Planning

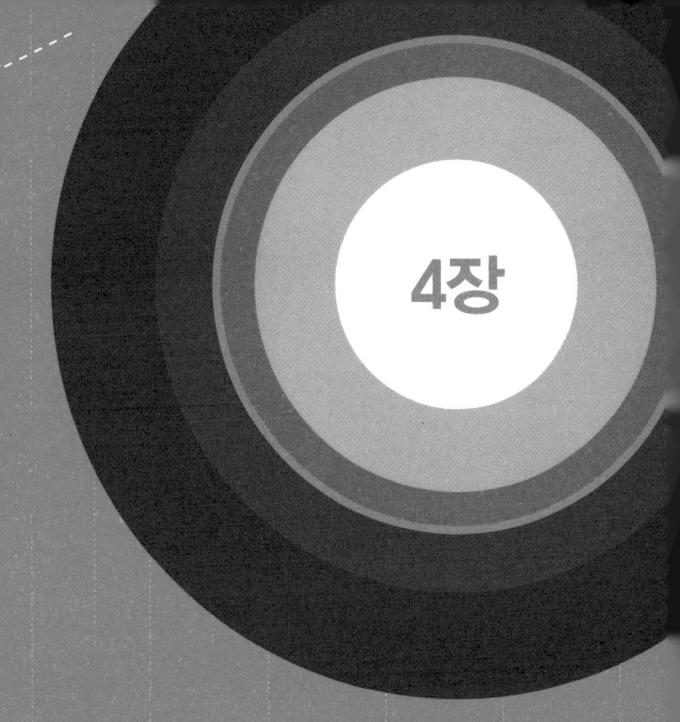

4장

시장을 확대하는 '플랫폼'과 'B2B' 전략

제품 전쟁에서
플랫폼 전쟁으로

아이패드2, 정말 혁신 요소가 없었을까?

아이팟, 아이폰, 아이패드로 이어지는 애플의 제품 라인업은 혁신의 연속이었다. 그렇다 보니 스티브 잡스(Steve jobs)가 새롭게 발표할 아이패드2에 대한 기대감은 실로 엄청났다. 기대가 너무 컸던 걸까? 아이패드2가 발표된 후 혁신이 없었다며 실망하는 사람들이 많았다. 하지만, 아이패드2에는 8.8mm의 놀랍도록 얇아진 두께, 더 빨라진 속도, 밝아진 액정 뒤에 가려진 거대한 혁신 요소가 있었다.

잠시 아이패드2 발표 현장으로 돌아가 보자. 2011년 3월 2일, 아이패드2 발표 현장에서는 격렬한 환호가 두 번 있었다. 그 첫 번째는 스

iPAD와 iPAD2의 스펙 변화

	iPAD	iPAD2
출시일	2010년 4월 3일	2011년 03월 11일
스마트커버	No	Yes
OS	iOS 4.3	iOS 4.3
Accelerometer	Yes	Yes
Ambient light sensor	Yes	Yes
Gyroscope	No	Yes
eCompass	No	Yes
두께	13.4mm	8.8mm
RAM	256MB	512MB
Processor	A4 1Ghz	A5 1Ghz dual-core
Front camera	No	Yes 0.3MP
Rear camera	No	Yes 3-5MP
Video recording	No	Yes 720p

출처 : Social compare.com

티브 잡스의 깜짝 등장 때였다. 잡스가 췌장암 말기 판정을 받고 6개월 시한부 삶을 산다는 루머가 돌았기 때문에, 그가 행사장에 나타나리라고는 아무도 생각하지 못했었다. 마치 그 자신이 신제품인양 열렬한 환호를 받으며 등장한 잡스는 아이패드2를 시연해나가기 시작했다. 하지만 시연 내내 청중들의 반응은 그 어떤 애플의 신제품 발표회 때보다 차분했다. 두께가 얇아지고, 속도가 향상되고, 전후면 카메라가 장착되는 등은 분명 제품의 진일보였지만, 사람들이 기대했던 애플다운 혁신이 아니었기 때문이다. 그러다 발표 말미에 다시 한 번 엄청난 환호가 터져나왔다. 잡스가 아이패드2의 가격을 말했을 때였다. 단기간 내 스펙의 향상은 예측 가능했지만, 그럼에도 불구하고 같은 가격($499, 16GB Wi-Fi)을 유지한다는 것은 상상하기 힘들었다.

플랫폼 전략, 사용자를 담는 거대한 그릇

전자제품의 가격은 투입된 연구비용과 부품 가격, 각종 프로모션 비용을 원가로 하여, 그 위에 기업의 기대이익을 더해 결정한다. 이것은 제품을 판매하는 시점에서 이미 완결된 이익을 가져오는 전통적인 가격 모델링이다. 당연한 듯 보이는 이러한 정책을 사용한 모토로라와 소니 등의 제조사들이 최근 큰 어려움을 겪고 있다. 경쟁사들이 제품의 가격을 혁신적으로 낮추면서도 수익을 내는 '플랫폼 전략(Platform Strategy)'을 안착시켜 나가고 있기 때문이다.

PC방, 보드게임방, 비디오방 등은 시간당 1,000원 내외의 이용료를 받는다. 상가 밀집 지역의 임대료와 시설비, 인건비 등을 고려했을 때 수지타산이 나오지 않는 가격이다. 영업주들에게 물어보면, PC방이나 보드게임방을 하고 있는 것이 아니라 분식집을 하고 있다는 말을 많이 한다. 싼 이용료로 사람들을 유인한 다음, 상대적으로 마진율이 높은 군것질 상품을 팔아서 수익을 낸다는 것이다.

제품 생산을 중심으로 한 가격 모델링

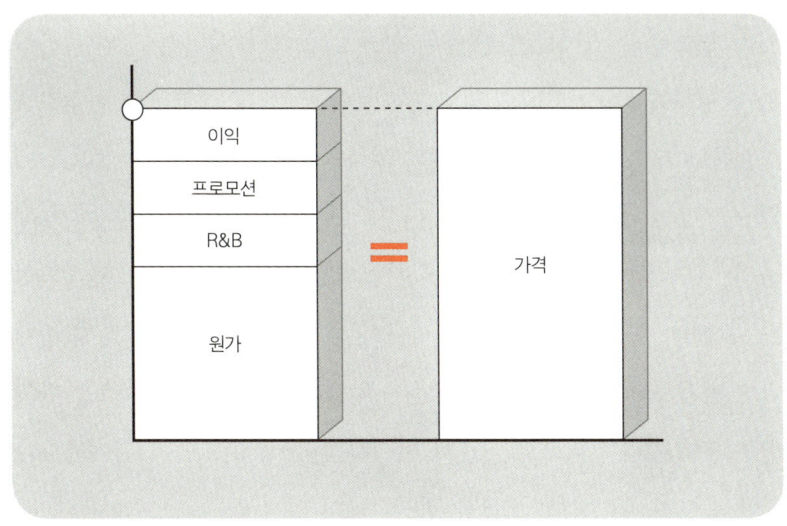

플랫폼 전략적 사고

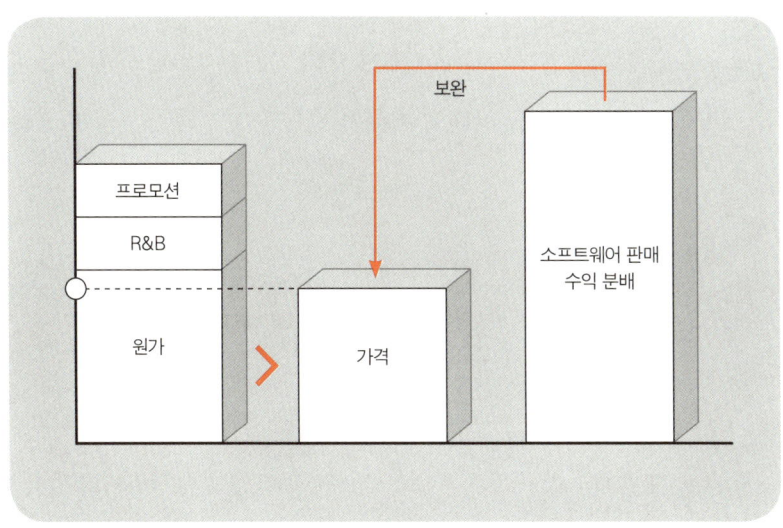

출처 : 『플랫폼 전략』, 히라노 아쓰시 칼

애플도 마찬가지다. 애플은 아이패드 판매를 일반적인 제조사에서 바라보듯 '제품 판매를 통한 수익 창출'로 보지 않았다. 다수의 사용자를 포섭하는 '플랫폼의 확대'로 이해했다. 애플의 제품군을 아우르는 아이튠스 앱스토어에는 40만 개의 어플리케이션들이 있다. 그리고 매달 1~2만 개의 새로운 어플리케이션들이 올라오고 있다. 디바이스 제품의 애프터 마켓은 A/S 때문에 기업에게 항상 '비용'으로 인식되었다. 애플의 경우는 앱스토어, 악세서리 등 제품을 판매한 이후에 존재하는 마켓이 제품 판매에 못지않은 수익을 안겨주고 있다. 제품을 판매한 이후에도 지속적으로 매출이 발생하는 것이다. 그들이 아이패드와 같은 충분히 매력 있는 제품을 경쟁사보다 싸게 팔 수 있는 이유다. 실제로 모토로라에서 개발한 태블릿 PC '줌(Xoom)'의 출시 당시 가격은 3G, 32GB 모델의 경우 799달러였다. 줌보다 두께도 얇고 무게도 더 가볍게 나온 아이패드2의 3G, 32GB 모델의 가격은 729달러였다. 플랫폼 전략을 펼치는 기업을 상대로 제조업 전략을 고수하는 기업이 고전

---

* 전환 비용이란, 서비스를 이용하던 사용자가 다른 서비스로 옮겨가고자 할 때 드는 유무형의 비용을 뜻한다. 만족도가 높지 않아도 전환 비용이 높으면 서비스 이탈이 어려워진다. 예를 들어, 싸이월드보다 페이스북이 자신에게 잘 맞는다고 느낀 사용자가 있을 때, 그는 쉽게 싸이월드를 떠나지 못한다. 싸이월드에 그가 아는 사람들이 있고, 그들과 공유하기 위해 올린 수많은 사진과 댓글이 있기 때문이다. 그것들을 페이스북으로 옮기는 작업은 어렵거나 거의 불가능에 가깝다. 최근 대기업들이 무료 클라우드(Cloud) 서비스 경쟁을 펼치는 이유 중 하나도 이와 같은 '사용자 고정(Lock-In)' 효과 때문이다. 많은 사용자를 모으면, 그들은 서로 공유하고 저장하기 위해 데이터들을 끝없이 올린다. 자료의 양이 많아질수록 전환 비용이 커져 경쟁사가 더 좋은 서비스를 내놓아도 쉽게 떠날 수 없게 된다.

을 면치 못하는 것은 당연하다. 사용자 입장에서는 '싸게' '좋은' 제품을 구매할 수 있는데다, 그 뒤로도 끊임없는 다양한 경험(어플리케이션)을 기대할 수 있기 때문이다.

안드로이드가 무료로 배포되고, 마이크로소프트가 윈도우의 불법복제를 적극적으로 막지 않고 있는 것도 같은 이유다. 제품을 단순하게 그 자체로만 보는 것이 아니라, 사용자를 모으는 거대한 그릇으로 보는 것이다. 자신의 플랫폼에 사용자들을 많이 모으면, 그 자체로 전환 비용(Switching Cost)*이 높아져 사용자 이탈을 막게 된다. 그리고 사용자가 많기 때문에 외부 개발자들에게 매력적인 시장이 된다. 그들에 의해 많은 어플리케이션들이 개발되어 올려지고, 이는 다시 사용자의 확대 및 제품 판매 이후의 수익 증가로 이어지는 선순환을 그리게 된다.

창의적인 사람들이 접근할 수 있게 하라

> 2010 IBM의 글로벌 CEO 연구집에 따르면, "당신의 기업에게 올해 가장 큰 도전 과제는 무엇입니까?"에 대한 1,500개 기업 CEO들의 답변은 하나로 귀결되었다. 바로 조직에 창의성을 불러일으키는 것이었다. 나는 이런 제안을 하고 싶다. 조직 바깥에 있는 수많은 창의적인 사람들이 접근 가능한 매력적인 플랫폼을 만들라고!
>
> 크리스토퍼 메이어, Working Wider, 2010년 5월 22일

플랫폼 전략을 시행하면, '완성된 서비스를 내놓는다'라는 전통적인 비즈니스 목표가 사라지게 된다. 틀린그림찾기 게임을 예로 들어 비교해보자.

완성된 서비스를 내놓으려는 기업은 사용자가 만족할 만한 충분한 양의 그림을 만든 뒤 서비스를 오픈한다. 반면, 플랫폼 전략을 취하는 회사는 최소한의 그림만 제작해 넣어두고, 그 안에 사용자가 자신의 사진으로 틀린그림찾기 게임을 만들고 배포할 수 있는 툴을 제공한다. 전자는 내부 자원을 많이 투여하여 완성도 높은 게임을 만들었지만 라이프 사이클이 짧고, 후자는 게임 자체의 완성도는 낮아보일 수 있지만 사용자들의 끊임없는 생산 구조 덕에 지속 가능한 플랫폼이 된다.

대표적인 예로 부산의 천재 개발자들이 만들어낸 '스터디 마스터'를 들 수 있다. 사용자들이 쉽게 문제집을 만들어 공유할 수 있게 한 이 어플리케이션에는 2011년 6월 현재 2,000개에 달하는 문제집이 올라와 있다. 영어 단어장에서부터 공무원 시험까지 내부 자원으로는 결코 만들어낼 수 없는 다양한 공부 자료가 DB로 축적되어 가고 있다. 그에 따라 스터디 마스터를 사용하는 대상층도 넓어지고 있다.

윈도우는 플랫폼이다. 수많은 개발사들이 그 위에 다양한 서비스를 개발하여 공급할 수 있기 때문이다. 아이폰도 플랫폼이다. 마켓에 있는 40만 개에 달하는 어플리케이션 중에서 애플 스스로 개발한 것은 20개도 되지 않는다. 페이스북 역시 제3의 개발자들이 그 위에 서비스를 개발할 수 있도록 API를 공개한 순간부터 플랫폼이 되었다. 마이크로소프트사가 오랜 시간 동안 혁신적인 제품들을 내놓지 못했음에도 여전히 높은 시장점유율을 차지하고 있는 것도, 페이스북이 마이스페이스를 단숨에 따돌린 이유도 생산 구조의 개방을 통한 확장을 추구했기 때문이다. 공개된 플랫폼 위에 수많은 개발자들이 만들어낸 어플리케이션들이 출시되면서 서비스의 한계를 끝없이 확장시켰다. 이것은 내부 자원으로는 불가능한 속도의 서비스 진화다.

플랫폼 전략의 진입 장벽

플랫폼 전략은 모든 기업들이 따라야 할 새로운 사업 전략으로 보여진다. 하지만 내부를 들여다보면, 왜 기업들이 플랫폼 전략을 제대로 수행할 수 없는지 알 수 있다. 기업에는 보통 제품의 판매를 담당하는 부서와 어플리케이션 마켓을 담당하는 부서가 분리되어 있다. 그들은 각자의 연간 매출과 영업이익 등을 핵심 KPI(Key Performance Indicator : 주요 성과 지표)로 놓고 인사 평가를 받게 된다. 가장 먼저 이러한 인사 시스템이 플랫폼 전략의 수행을 가로막는다. 제품 판매를 담당하는 부서에서는 원가 혹은 그보다 싸게 제품을 팔 수 없다. 싼 가격에 출시하여 제품을 많이 팔아도, 수익이 적다면 성과를 높게 받을 수 없기 때문이다. 그래서 제품 원가에 기대이익을 더해 출시하게 된다. 이렇게 책정된 제품 가격은 플랫폼 전략을 수행하는 경쟁사보다 비싸고, 대중화에 성공하기 어려워진다. 제품이 많이 보급되지 않은 상태에서는 콘텐츠 마켓을 책임지는 부서가 높은 수익을 기대하기 힘들어진다. 사용자가 적은 시장이기 때문이다.

플랫폼 전략을 수행하기 위해서는 조직 내의 인사 평가 시스템부터 바뀌어야 한다. 제품의 라이프사이클 전반에서 발생하는 수익을, 관여하는 사업부들의 기여도에 따라 배분해야 한다. 그래서 제품 판매 시점에 바로 수익을 내고자 하는 제조사들의 오래된 상품 기획 전략을 버려야 한다.

'애플 생태계' '삼성 동물원'*이라는 말에서 나타나듯, 외부 중소기업들을 원가 절감의 대상으로 보는 태도도 위험하다. 오래전부터 제조사의 핵심 KPI였던 제휴 비용의 절감을 버리고, 자사 플랫폼에서 기업 활동을 하는 외부 중소기업의 수와 퍼포먼스를 KPI로 잡아야 한다. 그렇게 되면 담당자들은 보다 많은 외부 기업들에게 매력적인 시장으로 보이기 위해 노력하게 될 것이다. 또한, 기업의 영업 비밀 보호에 최고의 가치를 두는 전통적인 '보안' 태도도 바뀌어야 한다. 이런 오래된 가치관들은 플랫폼 전략의 가장 큰 장애물이기 때문이다.

애플의 아이폰, 아이패드로 이어지는 제품군들과 아마존의 이북 디바이스 킨들의 성공에는 아이튠스와 이북 라이브러리라는 디지털 콘텐츠 유통 플랫폼의 연결이 있었다. 페이스북과 트위터의 성공에는

Open API라는 플랫폼 공개가 있었다.

완결된 서비스를 하나 내놓고 열심히 프로모션하는 것이 2000년대의 방식이라면, 이 시대의 서비스는 개방된 구조로 출시되어 다양한 개발자와 사용자들이 끝없는 경험과 수익을 얻어갈 수 있는 플랫폼으로 재탄생해야 한다.

이제, 플랫폼 전략을 성공적으로 수행한 다른 기업들의 사례를 통해 새로운 사업 모델에 대한 인사이트를 얻어보자. 이들 사례는 '사용자 놀이 참여 플랫폼' '훈련과 검증 플랫폼' '새로운 경험, UX 플랫폼'으로 나누어볼 수 있다. 하나씩 살펴보자.

---

*삼성엔 '삼성 동물원' 비유까지 쏟아지고 있다. 벤처기업인 출신 안철수 교수는 이 땅의 중소업체들이 대기업의 예속적 하도급구조에 편입될 것을 강요받는다고 주장한다. '동물원'에 들어간 중소기업은 대기업이 죽지 않을 만큼만 던져주는 먹이로 연명하다가 끝난다는 것이다.

이런 비판에는 과장도 있고, 틀린 부분도 적지 않을 것이다. 하지만 중소업계는 물론, 일반인들도 '삼성 동물원' 담론에 공감하는 여론이 많아졌다. 맞다, 틀리다를 떠나 '쥐어짜는 갑(甲)'의 이미지가 씌워지는 것 자체가 삼성의 약점이다.

삼성을 죽이려 드는 애플의 전략은 대조적이다. 애플은 중소개발자들이 먹고살아갈 환경을 만들어주는 '생태계' 전략으로 성공을 거뒀다. 동물원이 갑과 을의 일방적 관계라면, 생태계는 공생하는 파트너십 시스템이다.

동물원과 생태계의 차이는 크다. 애플 생태계가 끝없이 진화하는 것은 수많은 참여 기업들의 자발적 혁신 덕이기도 하다. 삼성이 이런 창의적인 생태계 혜택을 누리지 못한다면 처음부터 지고 들어가는 꼴이다. (박정훈, '삼성 동물원, 애플 생태계', 조선일보 2011년 5월 11일자 기사 중에서)

사용자
놀이 참여 플랫폼

프린트 티셔츠의 천국, 'Threadless'

제품 생산 및 서비스 완성의 중요한 과정을 사용자의 참여로 채우는 서비스들이 있다. 직원들이 제품을 만들고, 사용자는 구매한다는 전통적인 생산 모델의 전복이다. 내부 인력을 쓰지 않는다는 점에서 원가 절감의 효과가 있고, 사용자 참여가 즉각적인 바이럴 마케팅 효과로 이어지기 때문에 마케팅 강점도 갖게 된다. 이런 류의 플랫폼을 기획할 때 사용자 참여를 지나치게 혜택(돈, 랭킹, 명예 등) 중심으로 소구하고자 하면, 선두의 소수를 제외한 대다수 참여자들은 실망하게 된다. 그래서 지속 가능한 플랫폼 모델이 되기 어렵다. 사용자 참여는 새로운 경험과 재미를 부여할 때 가장 지속적이고 폭발적으로 이루어진다.

Threadless는 다양한 디자인의 티셔츠를 20달러 내외의 저렴한 가격에 구매할 수 있는 쇼핑몰 사이트다. 동시에 전 세계 수많은 디자이너들이 자신의 디자인을 올려 제품의 생산과 판매가 이루어지게 만드는 전형적인 플랫폼이기도 하다.

Threadless는 매달 수백 개의 신제품을 출시한다. 광고도 없고, 전문 디자이너도 없고, 소매상 유통도 하지 않는데도 매번 매진된다. 티셔츠 촬영을 위한 모델 에이전시를 고용하는 일도 없다. 당연히 제품 생산

Threadless의 개방된 생산 구조

- 250달러를 지불하면 누구나 자신의 디자인을 올려 판매를 시작할 수 있다. 이때 Threadless에서는 제품 홍보를 위한 시제품을 만들어준다(디자인만 평가받고 싶을 경우에는 비용이 들지 않으며, 시제품이 생산되지 않는다).
- 예비 구매자들은 디자인을 하나하나 보면서 평가한다. 하나의 디자인에서 다음 디자인으로 넘어가려면 우측에 있는 0~5점까지의 점수를 클릭해야 한다. 이러한 UX 변경만으로 디자인 평가 횟수가 비약적으로 증가했고, 이는 다시 디자이너들에게 동기부여가 되었다(이 사이트의 가장 큰 성공 요소였다).
- 20달러 내외의 가격으로 티셔츠를 판매하고, 수익금의 일부를 디자이너에게 지급한다.
- 2,000달러 이상의 상금이 걸린 디자인 대회도 주기적으로 개최한다.

원가가 매우 낮다. Threadless의 모든 과정은 기업 내 전문가들이 아닌 실제 제품을 이용하는 사용자들의 손을 거쳐 완성된다.

Threadless에는 하루 300개가 넘는 디자인이 올라온다. 사용자들이 재미와 호기심으로 올리는 것이 대부분이다. 프로페셔널이 아니기 때문에 그들은 오히려 지속적으로 티셔츠 디자인을 올릴 수 있게 되는데, 판매가 저조해도 평가만 좋으면 만족하기 때문이다. Threadless는 2010년 5,000만 달러가 넘는 매출을 기록했으며 현재 트위터 팔로어도 160만 명을 넘어섰다. 작년 한해에만 총 100만 달러의 디자인 수수료가 지급되었다고 한다. 이와 같은 성과의 중심에는 사용자들이 직접 디자인을 올리고, 수많은 사용자들의 평가를 통해 제품화되는 플랫폼 전략이 있다.

이미지 검색은 어떻게 하는 걸까? 'Google image labeler'

구글에서 검색어 'Guy with Hat'으로 이미지를 검색해보자. 정말 하나 같이 모자 쓴 남자 이미지만 정확하게 찾아준다. 어떻게 이런 일이 가능한 걸까?

일단, 페이지 내의 키워드 맵핑으로는 정확도가 많이 떨어진다. 페이지를 가득 채운 글 중에서 모자 쓴 남자라는 텍스트가 있다고 해서 첨

부된 이미지가 모자 쓴 남자의 사진일 가능성은 낮기 때문이다. 또 다른 가능성으로, 이미지 인식 능력을 극대화한 컴퓨팅 자원을 활용하는 것과 수작업을 생각해볼 수 있다. 전자는 아직 갈 길이 멀다. 인건비가 저렴한 중국에 사무실을 차려 작업을 하기에도 어려움이 있다. 온라인상의 데이터는 무궁무진하고 지금 이 순간에도 끝없이 늘어나고 있기 때문이다. 하나의 이미지라고 해도 수많은 키워드로 검색되어야 한다는 점을 감안하면 복잡성이 더욱 커진다. 사진 속의 모자 쓴 남자가 수염을 길렀고, 자켓을 입었고, 담배를 물었으며, 슬픈 표정을 짓고 있을 때, 각각의 해당 키워드에 대해서도 검색이 되어야 하는 것이다. 이것은 자동화로도 할 수 없고, 수작업으로도 불가능하다.

구글은 이 복잡한 과제를 어떻게 해결한 걸까?

게임화된 구글 이미지 레이블러

- 'http://images.google.com/imagelabeler/'를 방문한다.
- Start Labeling 버튼을 클릭한다.
- 지구 어딘가에 있는 사람과 랜덤하게 같은 팀이 된다.
- 이미지가 나오고, 연상되는 단어를 빠르게 입력한다.
- 파트너와 같은 단어를, 빠른 시간 내에 많이 입력하면 높은 점수를 부여받는다.
- 나의 랭킹이 올라간다.

두 사람이 공통으로 입력한 키워드가 '빨간볼'이라면 이는 즉각 그 이미지에 저장된다. 그리고 누군가 구글에서 '빨간볼'로 이미지 검색을 했을 때, 그 그림을 보여준다. 이 간단한 게임에 참여하는 수백만 명의 유저들은 자신들의 놀이가 구글 이미지 검색 결과를 크게 향상시키고 있다는 사실을 잘 모를 것이다. 구글스러운 딱딱한 UX/UI를 조금만 개선해도 이보다 훨씬 많은 사람들이 즐겁게 게임을 즐길 만도 한데, 역시 사용성을 중시하는 구글답다.

사용자 놀이 참여 플랫폼의 대표적 사례는 간행된 지 240년 된 브리태니커 백과사전을 꺾은 '위키피디아'다. 위키피디아는 전 세계 유수의 전문가들이 긴 시간을 들여 작성한 백과사전에 비해서 정확도가 다소 떨어지는 수준으로 시작했다. 하지만 날마다 3,000건이 넘는 새로운 글들이 올라오고, 빈번하게 다수의 사용자에게 노출 및 검토되는 과정을 거듭함에 따라 브리태니커에 필적할 만한 정확도 수준으로 올라섰다.

이와 같이 우리는 다수의 일반 사용자들이 백과사전까지 직접 만드는 시대에 살고 있다. 당신의 서비스가 무엇이든, 그것을 확대시키고 진화시키는 데 사용자가 기여하지 못할 리 없다. Threadless와 Google image labeler처럼 사용자들이 놀이하듯 참여하면서 서비스에 기여할 수 있는 구조를 기획해보자.

훈련과
검증 플랫폼

가장 저렴한 미용실 만들기

저렴하게 서비스를 이용하고 싶은 사용자와 돈을 벌고 싶은 사업자 간의 전통적인 타협점은 '박리다매'였다. 저렴한 가격을 강력한 매력으로 하여 다수의 사용자를 불러모으는 방식이다. 여기에는 2가지 전략적 판단이 따르게 된다. 가격을 낮추면서도 서비스의 퀄리티를 유지하는 방법과 사용자의 증가에 따라 점차 폭넓어지는 요구를 어느 정도까지 수용할지에 대한 판단이다.

이번에는 '박리다매'를 넘어서는 새로운 사업 전략인 훈련과 검증 플랫폼 전략을 살펴보자.

내가 엔터테인먼트 분야의 일을 할 때는 연예인들이 많이 이용하는 미용실을 다녔다. 기획사를 통해서 스타들에게 사업을 제안하는 정석보다, 유명한 헤어 디자이너와 코디네이터를 통해서 제안하는 것이 훨씬 빠르고 정확하게 일이 풀렸기 때문이다.

그곳의 신입직원들은 하루 종일 미용실 청소와 손님들의 머리를 감기는 일만 했다. 얼마나 지나야 손님들 머리를 깎기 시작하냐고 물어봤더니, 그냥 어깨너머로 열심히 배워야 한단다. 유명 헤어 디자이너들에게 배우는 것이기 때문에, 그 정도만으로도 충분하다고 한다. 그렇게 1년 이상을 보낸 후에는 서울 변두리의 작은 미용실로 옮겨, 실제 손님들 머리를 디자인하면서 경험과 실력을 쌓고, 다시 강남이나 청담동으로 돌아오는 것이 이 바닥의 인력 생산 구조였다. 이는 손님들이 비싼 요금을 내고 미용실을 이용하기 때문에 검증된 인력을 쓰기 위해서 만들어진 일반적인 구조일 것이다. 하지만 비즈니스 모델을 조금 판이하게 가져간다면 새로운 시장을 열 수도 있다. 다음과 같은 모델은 어떨까?

- 초보 미용사를 위한 한 달 간의 집중 훈련 과정을 유료로 개설한다(100만 원 내외의 고가 훈련비를 적용하고, 과정이 끝나면 즉시 취업 가능하다는 장점을 부각시킨다).
- 교육 과정 완료 후 매장에 바로 투입한다.
- 남자 헤어컷 5,000원, 파마 1만 원의 파격적인 가격 경쟁력으로 다수의 충성고객을 확보한다.

- 이 가격대를 찾는 고객들은 헤어스타일의 작은 차이에 민감해하지 않는 특성이 있다. 또, 시장 진입을 위해 더 오랜 훈련 과정을 보내야 했을 초보 미용사는 최소한의 급여를 받아도 만족해 한다.

이렇게 하면 서비스를 제공하는 초보 미용사에게는 실전의 기회를 제공하고, 스타일에 민감하지 않은 사용자에게는 저렴한 가격을 제공하는 구조가 형성된다. 플랫폼을 구축한 사업자는, 경쟁사가 유의미하게 보지 않는 초보 미용사들의 폭넓은 인력풀을 저렴한 비용으로 활용할 수 있다. 저렴한 서비스 이용료에 대해서는, 미용 산업의 절대적 원가인 인건비를 파격적으로 줄였기 때문에 가격이 저렴해도 수익이 함께 줄지 않는 사업을 구축하게 된다.

이러한 훈련과 검증 플랫폼 모델의 가장 대표적인 예가 바로 '탑코더'라는 사이트다.

천재 프로그래머들의 경쟁을 통한 제품 생산, 'Top-Coder'

탑코더는 프로그래머들이 주어진 문제를 풀며 서로의 실력을 뽐내는 랭킹 사이트다. 이들이 만든 결과물로 클라이언트가 요청한 개발물을 산출해낸다. '인사이트'라는 회사가 탑코더에 개발을 의뢰하면, 탑코더는 그 개발 요청물을 모듈로 쪼개어 미션으로 올린다. 이것을 전 세계 개발자들이 경쟁적으로 달라붙어 풀어내는 구조다. 개발자들은 자신의 프로그래머 순위를 높이는 데 주목한다. 한때 구글이나 마이크로소프트에서 개발자를 뽑을 때 탑코더 랭킹을 본다는 말이 있었을 정도로, 천재적인 개발자들이 대거 몰려들어 서로의 실력을 겨루는 공간이 되었다.

Top-Coder의 경쟁의 장

- 미션 참가 신청을 한다.
- 시간이 되면 미션을 보고 프로그래밍을 시작한다.
- 개발을 마치면 제3자가 코드를 열람하고, 오류 또는 버그를 지적해나간다.
- 가장 빠르게 개발을 완료한 사람과 오류를 발견한 사람의 랭킹이 상승한다.
- 결과물은 모듈 통합 과정을 거쳐 클라이언트에게 전달된다.

이와 같은 플랫폼은 저렴한 가격에 외주를 맡기고 싶어 하는 회사의 요구 사항을 만족시킬 수 있는 플랫폼이다. 이를 통해 내부에 있는 적은 수의 전문 개발자만으로 여러 클라이언트가 요구하는 방대한 양의 개발물을 생산해낼 수 있다. 게다가 다수에 의한 검증이 가능한 플랫폼이다 보니 소수의 전문 개발자가 완성한 코드에 비해 정확도가 떨어지지 않는다. 오히려 더 정확하다는 의견이 많다. 이는 위키피디아의 정확도 향상과 비슷한 경우라고 할 수 있다.

새로운 경험, UX 플랫폼

 스스로 뉴스를 생산하지도 않고, 뉴스 저작권을 사들일 돈도 없는 사업자가 뉴스 사이트 혹은 어플리케이션을 만들고 싶다면 어떻게 해야 할까? 또, 도서 저작권이 하나도 없음에도 자신의 플랫폼상에서 다양한 디지털북을 판매하고 싶다면 어떤 전략을 써야 할까?

 답은 UX/UI에 있다. 지금부터 현재 주목받고 있는 정보 수집 서비스(Information Aggregators)들을 통해 자세히 알아보자.

저작권 없는 전자잡지, 'Flipboard'

 플립보드(Flipboard)는 아이패드를 위한 소셜매거진 어플리케이션이다. 현재 아이폰과 안드로이드 어플리케이션도 개발에 들어갔다는 소식이 들리고 있다. 사용자는 이 서비스를 통해 친구들이 페이스북이나 트위터에 올린 콘텐츠와 언론 및 출판사들의 콘텐츠를 한곳에 모아서(information aggregators) 볼 수 있다. 플립보드는 현재까지 6,000만 달러의 투자를 유치했고, 2011년 초의 기업가치를 2억 달러로 추산하고 있다.

플립보드는 페이스북이나 트위터의 공식 어플리케이션도 아니고, 뉴스 등의 출판 저작물에 대한 권리를 가지고 있는 것도 아니었다. 그

UX 디자인으로 플랫폼 전략을 세운 플립보드

럼에도 어떻게 이와 같은 막강한 플랫폼으로 성장할 수 있었을까?

사람들이 사용하는 서비스의 종류는 점점 다양해지고 있다. 그리고 그 안에서 관계 맺는 사람들의 수도 함께 늘어나고 있다. 그에 따라 이 많은 것들을 다 찾아보기 힘들어진다는 정보 과잉의 문제가 생기기 시작했다. 흩어져 있는 정보들을 모아, 멋진 알고리즘을 통해 체계적으로 보여주길 바라는 사람들이 늘어나기 시작한 것이다. 사람들의 이와 같

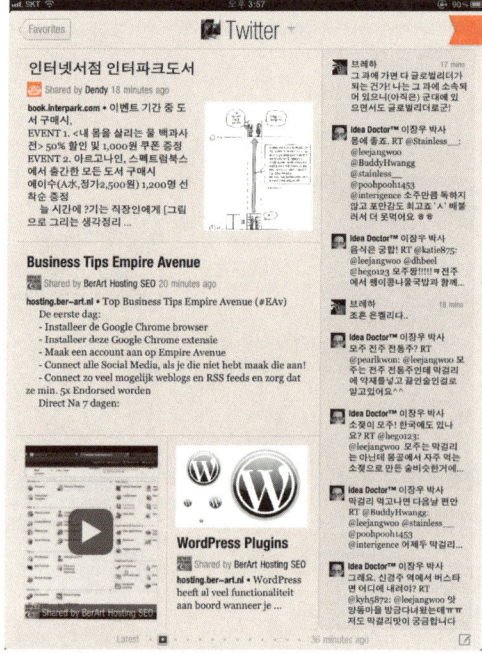

플립보드에서 본 트위터. 트위터상에 URL로 링크된 정보(사진, 영상, 페이지)를 추가 클릭 없이 매거진처럼 한눈에 볼 수 있게 만들었다.

은 니즈를 반영한 서비스 중에서 플립보드가 가장 크게 성공했는데, 그 성공 전략은 다름 아닌 UX 디자인에 있었다. 실제 책장을 넘기듯 손가락을 튕기는(Flip) 조작 방식이 주는 아날로그적인 느낌이 첫 순간 감탄을 자아낸다. 페이스북이나 트위터의 공식 어플리케이션에서는 URL이 걸린 콘텐츠를 보기 위해, 클릭 후 원본 페이지로 이동하는 UX가 기본이었다. 이 경우, 연속적인 경험을 깨뜨리는데다 빈번한 서비스 이탈을 요구하는 단점이 있었다. 플립보드는 이를 개선하여 위의 그림처럼 UI를 기획했다. 트위터나 페이스북에 URL로 걸려 있던 이미지나 동영상들을 한눈에 볼 수 있도록 페이지 안으로 끌고 온 것이다. 이러한 감각적이고 편리한 UX 때문에 사람들은 페이스북이나 트위터, 각종 뉴스들을 해당 미디어채널에서 보지 않고 플립보드에서 보는 걸 더 좋아하게 되었다. 2011년 4월 현재, 일평균 900만 명 정도가 이 어플리케이션을 실행한다고 한다. 광고 수익이 발생함은 물론이고, 플립보드에서 자신의 콘텐츠를 노출하지 못하게 되면 수많은 독자를 잃게 될 언론·출판사들은 이미 플립보드의 플랫폼에 종속된 비즈니스를 하고 있다. 이는 네이버, 다음 등의 포털과 언론 사이트의 관계와 같다. 처음에는 언론사들이 포털에 돈을 요구하며 뉴스를 제공했지만, 각 언론사 사이트로 직접 들어오는 사람들은 별로 없고, 네이버나 다음을 통해 들어오는 사람들이 절대적으로 증가한 순간부터는 관계가 역전되는 것이다. 마찬가지로 매력적인 매체가 콘텐츠 제공 비용을 못 받아 플립보드를 떠난다고 해도, 사용자들은 플립보드를 떠나지 않는다. 이미 플립보드는 다른 많은 매체들을 모아볼 수 있는 플랫폼이 되었기 때문이다. 플랫폼을 거부하는 기차는 손님을 태울 수 없다. 매체들이 플립보드에 콘텐츠를 제공하면서도 아무것도 바랄 수 없는 상황이 된 것이다. 플립보드는 이렇게 자체 콘텐츠 하나 없이 디지털 잡지 사업을 시작했고, 멋진 UX/UI로 시장 영향력을 계속해서 강화해나가고 있다.

이외에 의미 있는 정보 수집 서비스에는 2011년 3월 출시된 Zite가 있다. 이 사이트는 트위터나 구글 계정과 연동하여 자신의 관심사를 통합해서 보여준다. 또, SNS의 친구들이 읽는 뉴스를 보여주거나 현재 SNS에서 가장 많이 회자되는 기사를 모아주는 News.me도 있다. 개인 정보가 어디에 퍼져 있는지 트래킹해주는 Trackle, 키워드 등록 시 온라인에 업데이트된 최신 정보를 추천해주는 Lazyfeed도 있다. 이러한 정보 수집 서비스들은 모두 플립보드와 같은 플랫폼을 추구하고 있다.

저작권 없는 이북 플랫폼이 가능할까?

이북 시장에도 이와 유사한 콘셉트의 플랫폼 전략들이 나오고 있다. 가장 주목받고 있는 것이 마이크 메이타스(Mike matas)*가 2011년 2월에 TED에서 발표한 '차세대 디지털 북(Next generation of digital book)'이다.

> *마이크가 공동대표로 있는 'Push Pop Press'사는 새로운 방식의 디지털북 출판사다. 그는 한때, 애플에 근무하면서 아이폰과 아이패드의 핵심 UI를 디자인했다.

이북에 대한 시장 수요가 점점 커가고 있다. 2010년 7월 아마존에서 팔리는 전자책이 양장본의 판매를 넘어서더니, 2011년 1월에는 문고본 판매량까지 앞질렀다. 아마존은 2011년 5월 19일, 드디어 전자책 판매량이 모든 종이책 판매량의 합을 넘어섰다고 발표한 바 있다. 그런데, 이북 시장이 이렇게 급성장하고 있다해도 모든 출판사가 이에 대응할 수 있는 자원을 가지고 있지는 않다. 이북 시장에 대응할 전문 인력도 없고, 그간 출판했던 책들을 이북으로 재제작하는 데 드는 비용도 상당하기 때문이다. 그래서 마이크는 저작권자가 자신의 출판물을 손쉽게 이북으로 출시할 수 있는 툴을 개발했다. 책 속의 사진을 확대해보거나, 이북 안에 동영상을 넣는 것, 모바일 디바이스의 각종 센서를 활용하는 기능을 넣는 것도 이 툴로 편리하게 구현이 가능하다. 실제 비즈니스 필드에서 어떻게 받아들여질지는 두고봐야 할 일이지만, 인터랙티브한 이북을 만들고는 싶은데 독자적인 어플리케이션을 개발하는 데 비용 부담을 느끼는 중소 출판사들은 이 툴을 활용하여 이북을 내게 될 것이 분명하다. 그리고 온라인화된 출판물로 발전하여 사용자에게까지 제공된다면, 디지털 자가 출판이라는 새로운 시장도 크게 열어나가게 될 것이다. 이는 다시 메이타스의 이북 플랫폼을 활성화하는 데 기여하게 될 것이다. 결국, 사용자가 좋아할 만한 멋진 UI의 이북을 편리한 툴로 누구나 제작할 수 있게 한 것이 메이타스의 플랫폼 전략인 것이다. 이북 시장에 진출할 때 너도나도 저작권 확보에만 열을 올리는 상황에서, 새로운 플랫폼 전략으로 경쟁을 우회한 것이 인상적이다.

지금까지 우리는 개발자와 사용자가 나뉘어졌던 전통적인 시장이 어떻게 달라질 수 있는지 확인했다. 모든 것을 갖춘 완결된 서비스를 제공해야 했던 전통적인 시장을 폭넓게 확장시킨 플랫폼 전략이었다. 다음으로는 사용자에 대한 규정을 확대시켜 시장을 폭넓게 바라보게 만드는 B2B 전략에 대해서 알아보자.

B는 C보다 크다
_B2B 전략

빼앗긴 만큼 되찾아오는 이통사들의 출혈 경쟁

번호이동성 제도가 시행되기 전에는, 휴대전화 앞자리만 봐도 통신사를 알 수 있었다. 011은 SK텔레콤, 016과 018은 KT, KTF, 019는 LG텔레콤이었다. 이때는 사용자들이 통신사를 바꾸려면 휴대폰번호를 바꿔야 가능했다. 이것은 시장을 선점한 기업들에게는 가입자 이탈을 막아주는 장치가 되었지만, 자유로운 시장경쟁을 제한하여 추격 사업자들을 불리한 위치에 서게 만들었다.

그래서 나온 것이 2004년부터 시행한 '번호이동성 제도'다. 통신사별 고유번호를 없앰으로써 사용자들이 통신사를 옮겨도 기존 번호를 계속해서 쓸 수 있게 한 것이다. 사용자들의 통신사 선택권이 보다 자유로워지자 통신사들의 신규가입자 유치 경쟁의 범위도 경쟁사의 고객으로까지 확대되었다. 이는 또한 마케팅비용의 천문학적인 증가라는 당연한 결과로 이어졌다.

2010년 통신 3사의 마케팅비용과 매출 대비 비중

통신사명	마케팅비용	비중(마케팅비용÷통신서비스 매출)
SKT	2조 9797억 원	24.2%
KT	2조 8259억 원	25%
LG유플러스	1조 6908억 원	26.8%

출처 : 방송통신 위원회

2004년 이후 본격적으로 늘기 시작한 마케팅비용이, 2010년 한 해에만 통신 3사 총합 7조 원을 넘겼다. 이 엄청난 비용의 대부분은 '쇼를 하라!' '생각대로T' '올레!' 등 매스미디어 브랜드 광고비와 신규가입자 유치를 위한 단말 보조금에 들어갔다.

고객 확보를 위한 통신사들의 이와 같은 부단한 비용 투자와 노력이 낳은 결과는 어땠을까?

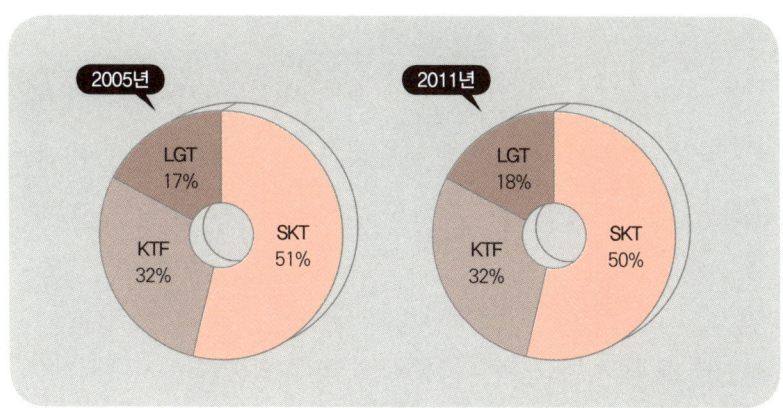

2005년과 2011년의 통신 3사 국내 시장점유율 비교

출처 : 방송통신 위원회

　위의 그래프에서 드러나듯 2005년과 2011년의 통신 3사 시장점유율에는 거의 차이가 없다. 결과만 놓고 본다면, 치열했던 마케팅 경쟁은 '빼앗긴 만큼 되찾아온다' 수준이었고, 기업의 이익으로 남을 수도 있었을 수십조 원의 자금은 효용도 없이 버려진 셈이다.

　이러한 결과는, 통신 시장에서 기업(Business)이 고객(Customer)을 대상으로 하는 B2C* 시장은 이미 정체 및 포화 상태에 이르렀다는 것을 의미했다.

* 대상이 되는 고객의 규모와 특징에 따라, 개별 고객을 대상으로 하는 B2C(Business to Customer), 기업을 대상으로 하는 B2B(Business to Business), 정부를 대상으로 한 B2G(Business to Goverment)로 나눌 수 있다. B2G도 큰 틀의 B2B로 이해할 수 있다.

시장을 확대하는 '플랫폼'과 'B2B' 전략

'킨들'이 보여준 시장 돌파구

통신 시장 주체들이 이러한 B2C의 지난함을 깨달아가던 시기에 시장 돌파구를 보여준 것은, 다름 아닌 킨들(Kindle : 아마존에서 출시한 e-book 전용 리더기) 3G의 등장이었다.

> ❝
> B2C 모델로는 어떠한 서비스를 발굴한다 해도 그 한계가 드러나고 있다.
> 정만원, SK텔레콤 전 사장
> ❞

킨들에 전자책을 저장시키는 방법에는 Wi-Fi, Bluetooth, PC-Link가 있었다. 독자들은 집이나 사무실 혹은 Wi-Fi가 되는 공공장소에서만 책을 저장할 수 있어도 충분하다고 생각했다. 그러다 킨들에 이동통신이 장착된 3G모델이 나왔다. 킨들 3G를 둘러싼 세 주체 모두의 만족에 부합한다는 결론 때문이었다. 우선, 사용자들은 언제 어디서나 책을 다운받을 수 있게 되었다. 게다가 3G로 구매를 하나, Wi-Fi 혹은 PC-Link로 책을 다운받나 책 값은 똑같았다. 통신요금은 아마존이 부담했다. 아마존 입장에서도 3G가 탑재된 킨들을 판매하며 이득이 생겼다. 비록 통화요금을 직접 부담하지만, 기존 연동 방식으로는 불가능했던 일간지와 잡지 등의 정기구독 서비스를 만들 수 있게 되었다. Wi-Fi 제품을 가진 사용자가 Wi-Fi존에 있지 않으면 콘텐츠를 보내줄 방법이 없었기 때문에 매일 콘텐츠를 받아보는 것을 전제로 한 정기 구독 서비스가 불가능했던 것이다. 킨들에 3G를 공급한 '스프린트'라는 통신사에게도 이득은 분명했다. 주목해서 살펴보자.

킨들에서 볼 수 있는 책들의 평균 용량은 1.2Mb 정도인데, 4세대 통신망*의 대중화를 앞두고 있는 지금의 통신 속도에서 이 정도 용량의 콘텐츠 전송은 망에 전혀 부담을 주지 않는다. 그래서 스프린트사가 킨들에 3G망 공급 계약을 맺으며 통신망을 추가 증설할 필요가 없었다. 통신사가 개별 가입자(C)가 아니라 아마존 같은 기업 시장(B)으로 눈을 돌리니 투자 없이 추가 통신 수익이 발생하기 시작한 것이다.

킨들 3G는 SK텔레콤과 KT도 기업을 대상으로 한 B2B 사업에 눈을 뜨게 만들었다. 일일이 사람이 방문하여 체크해야만 했던 검침기에 3G를 부착한 원격 검침 시스템을 만든 것이다. 이것을 한국전력에 공급하면 새로운 데이터 통신 수익을 발생시킬 수 있다. 한국전력의 관리비용 절감에도 크게 기여한다. 통신사 스스로 모든 3G B2B 사업을 제안하

* 1세대 통신망 : 음성만 가능한 10kbps 이하의 전송 속도.
  2세대 통신망 : 음성과 단문 메시지, 그리고 저속 인터넷이 가능해진 14.4kbps~64kbps의 속도.
  3세대 통신망 : 고속인터넷과 영상 통화가 가능한 통신망으로 144kbps~2Mbps.
  4세대 통신망 : 2011년 7월 1일부터 국내 상용화. 100Mbps의 속도로 3세대보다 이론적으로 50배 빨라짐.

고 개발하는 데는 한계가 있다. 그래서 통신사 바깥에 있는 모바일 사업자들에게 새로운 비즈니스 필드로 대두되고 있다. 한국전력에 이와 같은 사업을 제안하고, 이통사로부터 데이터 트래픽을 도매로 구매하는 방식으로 사업을 전개해나가는 것이다.

이외에도 유통, 물류, 금융, 교육, 헬스케어 분야의 사업체(B)에 3G를 도입하여 비용을 절감시킬 수 있는 서비스를 제안할 수 있다. 킨들의 사례처럼, 작은 데이터가 오가는 단일 기업의 사업이라 해도 B2B 사업은 거래량(Transaction, 킨들을 통해 거래되는 이북의 수)이 많아 총량적인 비즈니스 규모가 상당하다. 단일 거래에 오가는 데이터의 용량이 작아 추가적인 망 투자가 필요 없어 이통사들이 B2B 사업 제안을 적극적으로 수용하는 분위기다.

이통사가 B2B 시장의 중요성을 깨닫기까지 오랜 시간이 걸린 것처럼, 모바일 사업을 준비 중인 상당수의 기업들은 아직까지 시장을 B2C로 한정 지어 보고 있다. 우리 스스로가 항상 고객(C) 입장에서 서비스를 경험해왔기 때문에, 기업(B)이 고객이 될 수 있다는 생각을 적극적으로 하지 못하는 것이다.

기업을 고객으로 만드는 사례들

소셜커머스는 개별 고객을 대상으로 하는 B2C 쇼핑몰이다. 제품을 하나 올리면, 수백 명에서 수천 명의 고객이 결제를 한다. 사용자가 제품을 발견하고 구매하기까지 걸리는 시간이 다른 쇼핑몰들보다 훨씬 짧다. 반값이 주는 구매 유인 효과 때문이다. 경험해보지 못하고, 누군가의 추천평을 듣지 않아도 반값이니까 크게 고민하지 않고 시도해보는 것이다. 그래서 사업의 비약적 성공의 관건은, 반값이 아니라 그 뒤로 생겨난 기업과 고객 간의 '연결 고리'를 어떻게 활용하느냐에 달려 있다.

만약, B2C 소셜커머스를 B2B 모델로 전환시키면 어떻게 될까? 고객이 기업인 소셜커머스를 만드는 것이다. 이 사이트에는 기업 청소, 사무용품에서부터 워크숍 풀 패키지 서비스, 법무나 회계 서비스, 웹이나 어플리케이션 구축, 소프트웨어 등이 매일 반값에 올라오게 된다. 구매하는 기업이 많지 않아도 괜찮다. 하나의 기업이 올리는 매출은 1명의 사용자가 발생시키는 매출에 비할 게 아니다. 기업과 맺게된 '연결 고리'는 개별 사용자들과의 것보다 매출 규모가 크면서도 단일화되어 관리하기 편하다. 그만큼 지속 구매를 유도할 가능성이 높다. 이러한 장점에도 불구하고 왜 B2B 소셜커머스가 아직까지 없는 걸까? 앞서 설명했듯이 기업(B)이 고객이 될 수 있다는 생각을 잘 못하기 때문이다. 우리 스스로 고객의 범위를 한정지어 보고 있었던 것이다.

스마트워크가 업무 효율성을 증대시킨다는 연구 결과가 나오자, 직원들에게 아이패드나 갤럭시탭을 나눠주는 기업들이 늘어났다. 이후, 생산성 향상과 관련된 유틸리티 어플리케이션을 구매할 때 문제가 발생했다. 사원들이 개인별로 구매하여 영수 처리해야 하는 번거로움이 있었다. 번거로움은 '비용'을 뜻하는 것으로, 이것이 기술로 자동화된다면 관리비용을 줄일 수 있다. 이러한 기업 니즈에 대응하는 어플리케이션 마켓의 B2B 모델이 있다. 기업의 어플리케이션 대량 일괄 구매를 돕는 마켓이다. 기업 계정의 관리자는 사원번호로 직원 수만큼의 ID를 생성할 수 있다. 직원들은 그 ID로 어플리케이션 구매 신청을 한다. 신청 내역은 관리자에게 종합적으로 보여지게 되며, 승인된 거래에 대해 관리자 계정으로 일괄 결제할 수 있는 방식으로 마켓을 구축할 수 있다.

잘 만든 어플리케이션을 유료로 파는 게 목적인 B2C 어플리케이션이 아닌, 다른 기업들의 어플리케이션 판매를 돕는 B2B 어플리케이션도 있다. 실시간 순위를 보여주는 스마트랭킹 어플리케이션이다. 이것을 다운받으면, 휴대폰에 설치되어 있는 어플리케이션들의 실행 빈도가 서버로 자동 보고된다. 다수의 사용자가 보내온 정보들은 모아져서 다시 사용자들에게 실시간 어플리케이션 순위로 보여진다. 사용자에게 정보를 제공하기 위한 어플리케이션으로 보이지만, 여기서 집적된 사용자들의 이용 패턴은 어플리케이션 사업을 하고자 하는 많은 기업들에게 분석 자료로 판매될 것이다. 보다 직접적으로는 정상적인 순위들 사이에 자신의 어플리케이션을 노출하고 싶어 하는 기업들에게 좋은 광고 플랫폼이 되어줄 것이다.

멜론이나 도시락 같은 음악 스트리밍 서비스들도 개별 고객이 아닌 기업을 대상으로 한 B2B 사업을 진행할 수 있다. 자사 사이트에 방문하는 사람들에게 음악을 들려주고 싶은 서비스들이 많다. 음악을 무단으로 서비스 사이트에 올리면 저작권법 위반이 되고, 그렇다고 스스로 음악 저작권을 확보하고 스트리밍 솔루션을 개발하기도 어렵다. 이런 기업들을 찾아가 솔루션과 저작권 확보를 돕는 것이다. 이 경우 하나의 기업을 소싱했을 뿐이지만, 그 기업의 사이트에 방문하는 사용자 수만큼 고객 수가 느는 효과가 발생하게 된다.

택배 회사에 공급하는 어플리케이션, 전국에 지점을 보유하고 있는 휘트니스 센터를 위한 서비스 등 사용자의 범주를 기업 단위로 확대해 보면 가능한 사업 영역이 넓어지게 된다.

숨어 있는 거래량을 노려라!

은행들은 개별 고객(C)보다 기업 고객(B)에 더 집중한다. 이는 당연한 일이다. 대표적인 예로, 한 기업의 주거래 은행이 되면, 그 기업 모든 임직원의 급여 통장이 한 은행의 것으로 일원화된다. 하나의 거래 아래 많은 거래량이 숨어 있는 것이다.

이와 마찬가지로 건강관리 어플리케이션도 B2B 사업 전략을 쓰면 숨은 거래량을 만들 수 있다. 개별 사용자가 아닌, 전국에 지점이 있는 휘트니스 센터를 위한 어플리케이션을 만드는 것이다. 퍼스널트레이너들이 그들로부터 코칭을 받는 고객들의 운동량을 편리하게 관리하도록 돕는 서비스로, 휘트니스 센터 체인 본사에 제안할 수 있다. 또한, 이 어플리케이션은 몇몇 기능을 달리하여 B2C로도 판매되고, 다른 휘트니스 센터에도 제안될 것이다. 각 휘트니스 센터들이 직접 만드는 것보다 개발비용이 저렴한 것도 이 제안의 매력이다. 본사가 비용을 치른 후부터 전국 수백 명의 퍼스널트레이너들이 바로 사용할 수 있게 된다. 퍼스널트레이너들과 그의 고객 간의 인터랙션을 곳곳에 배치하여 고객들에게까지 사용 압력이 전달되게 할 수도 있다. B2B이지만, 그것에 이어 유료 B2C 시장이 열릴 수도 있는 것이다.

사용자 이탈을 막는 '전환 비용'의 힘

기업 고객은 개별 고객에 비해 계약 성사까지 요구되는 시간이 길다. 계약 후 사업비가 입금되기까지도 오래 걸린다. 하지만, 한 기업이 채택한 서비스는 '주거래 은행' 사례에서 볼 수 있듯이 사내 규격화되는 경향이 있다. 기존에 사용하던 서비스를 없애는 것도, 다른 서비스로 대체하는 것도 기업에게는 쉬운 일이 아니다. 그래서 대개의 경우 규모가 커질수록 전환 비용도 함께 커지기 때문에, 계약 기간을 넘겨서까지 지속한다. 여기에 숨겨진 비밀은 B2B 사업자가 전환 비용을 높이기 위해 드러나지 않는 노력을 한다는 것이다.

같은 서비스를 반복적으로 사용하는 유저를 충성고객이라고 한다. 흔히들 서비스에 대한 만족이 충성고객을 만들어낸다고 생각하는데, 반드시 그렇지는 않다.

서비스 만족도가 낮아도 전화 회사나 은행은 반복적으로 서비스를 이용하는 충성고객을 많이 가지고 있다. 반면, 레스토랑이나 여행사들은 서비스 만족도가 높다 해도 반복 구매율이 낮은 편이다. 전통적으로 믿어온 만족도와 충성도 사이의 비례 관계가 깨진 것이다. 그 이유를 분석해보니 '전환 비용'이 있었다. 전환 비용이 크면, 서비스를 떠나기가 쉽지 않아 반복적으로 이용하게 되는 것이다. 이 점을 잘 알고 있는 외부 개발 업체들은, 초기에는 일반적인 UI를 적용하여 고객사에서 수용하는 데 불편함이 없도록 하고, 수용한 후에는 서비스의 고도화를 이유로 끊임없이 UI를 변경함으로써 경쟁사와 다른 UI를 만들어나간다. 이렇게 하면 고객사가 경쟁사의 서비스로 변경할 경우에, 직원들에게 새로운 UI를 교육시켜야 하는 비용이 들어가기 때문이다. 즉, 고객사의 전환 비용을 증가시켜 서비스 이탈을 막는 것이다. B2C 보다 B2B에서는 전환 비용의 영향을 많이 받는다. 개인이 서비스를 변경하는 데 큰 비용이 들지 않지만, 기업은 규격과 직원들의 행동 패턴까지 바꿔야 하기 때문이다. 그래서 B2B 사업에서는 서비스 만족도 향상만큼이나 전환 비용을 증대시키는 것도 매우 중요한 사업 전략이 된다.

'디시전 메이커'를 설득하라

100명의 개별 고객은 100명의 결정권자를 뜻하지만, 100명의 직원을 둔 기업에는 소수의 디시전 메이커가 있다. 여기에서 B2B 시장이 가진 B2C와 다른 시장 전략을 볼 수 있다. 제품의 스펙만큼이나 결정권자와의 관계에 크게 의존하는 시장이라는 것이다.

B2B 사업 제안을 할 때, 기업의 객관적 지표를 개선하는 것도 중요하고, 그 기업의 고객 서비스가 진화하는 것도 중요하다. 하지만 놓치기 쉬운 부분이 바로 이 계약이 결정권자의 성과로 어떻게 연결될 것인가에 대한 설득이다. 결정권자의 성과 지표를 잘 파악하여 그들의 근무 여건을 개선시키거나 성과를 높일 수 있다는 것을 제안 초기에 잘 어필해야 한다. 그렇게 쌓인 관계 속에서 구매 담당자들이 표면적으로 이야기하지 않는 기업의 핵심적인 니즈를 파악해야 한다. 이는 B2B의 장기적인 관계를 형성하기 위해 반드시 필요한 작업이다.

시장을 크게 보는 눈을 가져라!

1 완제품을 만들어 시장에 내놓는 것은 낡은 사업 전략이다. 내부 인력의 창의성과 개발 능력을 항상 최고의 수준으로 맞추는 것은 불가능하다. 외부의 창의성 있는 인재들에게 매력적으로 다가갈 수 있는 플랫폼을 구축해야 한다.

2 '사용자 놀이 참여 플랫폼' '훈련과 검증 플랫폼' '새로운 경험, UX 플랫폼' 등 서비스를 진화시켜나가는 주체를 사용자로 보는 확대된 시야를 가져야 한다.

3 사용자에 대한 규정을 확대함으로써 가능 시장 규모를 키울 수 있다. 기업을 고객으로 한 서비스는 많은 거래량에도 불구하고 소수의 디시전 메이커가 있고, 전환 비용이 커서 한번 맺은 '연결 고리'가 끊어지기 쉽지 않다는 장점이 있다.

더 안전하게 창업하는 5가지 방법

내 주위에는 창업을 준비하는 사람들이 많이 있다. 사업 아이디어도 있고 함께 일할 친구들도 있으니, 마음먹으면 못할 것도 없다고들 생각한다. 그런데 스타트업은 정말 많은 것들에 대한 깊이 있는 고민이 선행되어야 한다. 그렇지 않고 아이디어와 동업자만 믿고 무턱대고 창업을 하면, 시작한 지 몇 달 만에 아이디어와 꿈은 사라지고 생존을 위한 경영모드로 급전환하게 된다. 이번 이슈 앤 인사이트에서는 성공적인 창업을 위한 5가지 유의점을 살펴보자.

첫째, 멤버십 : '인사이트 그룹'이 소수인 이유

스타트업 멤버란 회사의 공동창업자(co-founder)들을 말한다. 우리가 아는 내로라하는 회사들은 대부분 2~3명의 공동창업자가 설립했다. 구글은 세르게이 브린과 래리 페이지, 마이크로소프트는 폴 앨런과 빌 게이츠, 애플은 스티브 잡스와 스테판 게리 워즈니악, 로날드 웨인이 스타트업 멤버였다. 인원이 소수인 이유는 이들이 집행 인력이 아니라 '인사이트 그룹'이기 때문이다. 이들은 직접 코딩을 짜기도 하고 지역 상점에 일일이 전화를 걸어 광고 영업도 하지만, 사업이 커가면서 유능한 집행 인력을 고용하여 리더십을 발휘하고, 복잡해져가는 사업 환경 속에서 결정적인 판단을 내린다. 이와 같은 인사이트 그룹은 다수일 필요가 없다. 오히려 다수일수록 시장이 요구하는 속도보다 늦은 의사결정이 이루어지기 쉬워 위험할 수 있다. 스타트업 멤버를 선별할 때는 다음과 같은 사항을 적극적으로 검토해보는 것이 좋다.

스타트업 멤버 선별 시 고려할 점

- 서로 겹치지 않는 역할
- 사업에 대한 헌신 정도

- 헌신과 퍼포먼스에 맞는 지분 구조
- 리더십
- 처지와 입장

공동창업자 중 누군가는 직장을 다니면서 부업 개념으로 임하고, 다른 사람은 전업으로 헌신한다고 생각해보면 쉽다. 게다가 부업인 사람이 초기 투자를 조금 더 많이 해서 지분도 많이 가지고 있다. 전업인 사람은 저축해놓은 돈도 별로 없고, 곧 유치원에 들어가는 아이가 있어 당장의 생계가 중요한 사람이다. 현재 사업이 아무리 비전이 있어도, 지금 정도의 월급으로는 (공동창업자이지만) 장기적으로 근무하기가 부담스러운 상황이다. 그런데 이 사업의 아이디어와 인사이트는 전업인 사람에게 더 많이 의존하고 있다.

어떤가? 사업이 잘 되지 않을 것 같은 느낌이 확신으로 다가온다. 아직 이 사업의 아이디어가 무엇인지, 시장 환경이 어떻게 변화되고 있는지에 대해서는 살펴보지도 않았다. 단지 공동창업자 2명의 처지와 입장에 대해서만 이야기했을 뿐인데도, 왠지 사업이 어두워보인다.

사업을 하는 사람들에게 동업자가 누구냐고 물으면, 대부분이 직장 동료나 선후배라고 말한다. 물론 정서적 유대감이 있는 사람들끼리 일하면 웜업의 시간이 필요 없기 때문에 좋다. 서로의 장단점을 잘 아니

역할 배분에도 효율적이다. 그런데 왜 친구끼리 동업하지 말라는 말을 수도 없이 듣게 될까? 이는 친구라서 문제가 되는 게 아니라, 친구이기 때문에 서로의 처지와 입장, 역할과 헌신에 대한 사전 판단을 간과하게 되기 때문이다. 누구와 사업을 할 것인지에 대한 문제는, 사업 아이디어보다 훨씬 더 중요하다. 좋은 인력 구성은 나쁜 아이디어를 바로잡을 수 있지만, 좋은 아이디어가 나쁜 인력 구성을 변화시켜주지는 못한다. 아이디어는 끝없이 변할 수 있고 변해야 하지만, 멤버십이 깨지면 회사는 사라진다.

자, 친구와 함께하기로 했다면, 잡은 손을 잠시 놓고 위의 사항들을 다시 한 번 고민해보자.

Usability를 넘어 Sensibility 시대, 내가 좋아하는 창업 멤버는 '경영 - 아트 - 개발'로 구성된 3인 공동창업 체계다. 그 외 반드시 필요하지 않은 인력은 무조건 '비용'으로 인식해야 한다. 꼭 필요한 시점에 추가 인력을 투입할 수 있도록 잘 '준비'하면 된다. 투자자들이 아이디어를 보고 투자할 것 같지만, 사실 멤버십을 더 많이 본다. 자기 자본으로 처음부터 끝까지 사업을 할 수 있는 여력이 있다면 상관없지만, 투자 유치를 염두한다면 같이할 사람을 잘 선택해야 한다. 회사가 망하는 가장 큰 이유는 아이디어보다 사람 관련 문제에 있다.

둘째, 사업 아이디어 : 사실, 널린 게 아이디어다

식사를 하고 커피를 마시면서 서로의 사업 아이디어에 대해 이야기하는 사람들이 늘고 있다. 그런데 진짜 하려고 마음먹은 사업 아이디어는 꺼내놓지 않는 경향이 있다. 부끄럽기 때문일 수도 있고, 좋은 아이디어를 뺏길까봐 감추는 이유도 있다. 상대방이 별 반응을 보이지 않았을 때 자신감만 잃게 될까봐, 또는 대답하기 힘든 날카로운 질문을 받는 게 두려워서, 같이할 사람도 아닌데 장황하게 설명하기가 귀찮기 때문이기도 하다.

아이디어를 은폐시키는 것은 사업을 할 때 반드시 버려야 할 행동이다. 아이디어는 머릿속에서 맴돌고 기획안에 표현될 때보다 입으로 말을 하면서 구체화되고 풍성해진다. (꼭, 경험해보라!) 그리고 위에서 나온 귀찮고 힘든 일들은, 투자 유치를 하면서 투자자 앞에서 거쳐야 할 혹독한 과정에 비하면 아무것도 아니다. 미리 연습한다고 생각하고 만나는 사람들의 호응을 끌어내보자. 아이디어 그 자체는 항상 제일 흔하다. 어떤 아이디어든 인류 역사상 60만 번은 회자되었을 거라는 말도 있다. 아이디어를 보석으로 만드는 것은 실행이다. 누가 하느냐에 따라 결과는 판이하게 다르다. 그러므로 아무리 떠들고 다녀도 당신의 아이디어는 누군가가 베껴갈 수는 없는 당신의 것이다. 가끔 NDA(Non-Disclosure Aggrement : 기밀 유지 협약)를 요청하는 사람들이 있는데, 나는 일단 그런 사람들의 아이디어에는 신뢰가 가지 않는다. 아이디어라는 게 얼마나 흔한지에 대해서 생각해보지 않은 사람들은, 배가 침몰하는데도 그 한 가지 아이디어만 부둥켜안고 있을 위험이 있기 때문이다. 절대로 아이디어 하나만 믿고 창업을 하면 안 된다.

사업 아이디어는 일할 사람과 자본을 모으고, 궁극적으로 사용자를 모으는 '씨앗'이라고 할 수 있다. 사업의 '완성된 모습'으로 착각하고 아주 구체적으로 준비할 필요는 없다. 구체적일수록 한 가지 아이디어에 매몰되기 쉽고, 그만큼 구체적인 고민들로 시야가 좁아지기 쉽다. 실행 단계에서 아이디어는 무조건 대폭 바뀐다.

셋째, 투자 유치 : Seed Capital 및 Series A

1인 투자자의 지속적 투자*가 있거나 자본금이 넉넉한 공동창업자가 아니라면, 사업의 성장 곡선에 따라 보통 수차례 투자를 받게 된다. 어떤 시점에 어느 정도의 투자를 받는 것이 좋을지는 사업의 3가지 요소(finance, product, manpower) 중

* http://mashable.com/tag/top-funding-stories/ 이곳에 가면 실리콘밸리에서 최근 주목받고 있는 (그래서 투자 유치가 잘되는) 사업들이 무엇인지 한눈에 파악할 수 있다.

창업자들에게 가장 낯선 분야의 고민이기도 하다.

Seed money ➡ Angel investment ➡ Prototype ➡ Series A ➡ Series B ······

　　　　초기 자본　　　　　　　　　　　　　　　　투자 유치

　　창업 시 처음 쥐고 시작하는 돈이 Seed money다. 돈 많은 개인 투자자를 엔젤이라 부르고, 본격적인 대규모 투자를 유치할 때 그 단계에 따라 A, B, C를 연속적으로 붙여 Series A, B, C라 부른다. 나는 데모 가능한 프로토타입(prototype)이 언제 나오느냐에 따라 그것을 기준으로 초기 자본과 투자 유치로 나누어 생각한다. 프로토타입이 나오는 시점을 중요한 이정표로 삼은 이유는, 그 전에는 인력의 이력서와 기획서로 이루어지는 투자고, 그 뒤가 가시적인 product를 보고 하는 투자라 본질적인 차이가 있기 때문이다. 전자는 포텐셜이고, 후자는 데이터의 영역에 들어선 셈이다. (개발이 잘 굴러가고 있다면) 프로토타입이 나온 이후가 그 전보다 더 좋은 조건(높은 배수)의 투자를 받을 수 있게 된다. 예를 들어, 4명의 창업자가 각자 2,000만 원씩 투자(Seed money, 총 8,000만 원)해서 법인을 설립하였고, 그로부터 3개월 뒤 CEO가 잘 아는 엔젤 투자자가 8,000만 원을 투자했을 때, 이 사람이 받는 지분(Share)이 8,000만 원 : 8,000만 원 = 5 : 5라면 배수는 1이 된다. 이 경우 지분 구조는 초기 창업자들이 각각 12.5%씩 갖게 되고, 엔젤 투자자가

50%의 지분을 갖게 된다. 이는 회사의 가치를 1.6억 원으로 평가한 것이다. 만약 이 회사의 가치를 pre 8억 원(투자 전 가치)으로 평가했다면, 엔젤 투자자의 지분은 몇 프로가 될까? 전체 주식 수가 100만 장이라 하면, 8억 원의 회사 가치에서 8,000만 원이 늘어나는 것이니 10%, 즉 10만 장의 주식을 새로 발행하게 된다(신주발행). 그러면 전체 주식 수는 100만 장 + 10만 장이 된다. 이 중 10만 장이 엔젤 투자자의 몫이니 그의 지분율은 1/11 = 9.1%가 되고, 기존 공동창업자들의 지분율은 모두 희석되어 각자 22.7%가 된다. 투자 유치 전에는 25%씩이었다.

Seed money 구성에 있어 고려해야 할 것

- 공동창업자 간의 차등적 지분
- 과잉 투자 유치 자제 혹은 자기 낙관 방지

공동창업자 간의 지분율은 그들의 헌신과 퍼포먼스 등에 따라 달라야 한다. 서로 같은 비율의 지분을 가지면 보통 더 큰 갈등으로 이어진다. 사업에 있어서는 1인 1표의 민주주의보다는 누군가가 결정하는 구조가 좋다. 결정을 내린 사람이 더 큰 책임(자본손실)을 지면 된다. 그렇기 때문에 공동창업자 간의 지분율은 차이가 나야 마땅하다. 공동창업자의 자기 투자는 그 자체로 사업에 대한 헌신을 보여준다는 것을 잊으

면 안 된다.

앞서 설명했듯이 어떤 사업을 하든 사업이 잘 굴러간다면 프로토타입이 나온 이후에 더 좋은 조건의 투자를 받을 수 있다. 그래서 프로토타입 완성 + 3개월까지의 운영비를 Seed money로 확보하는 것이 좋다. 하지만 리스크 헷지와 고급 인력 수급을 통한 개발 기간의 단축 등을 위해 적절한 금액의 엔젤 투자를 받는 것도 좋다. 초기 투자의 경우 투자 위험이 높다 보니 지분을 많이 주게 된다. 그렇기 때문에 투자를 많이 받는 것보다 필요한 만큼만 받는 것이 중요하다. 투자를 지분의 판매로 생각하지 못하고, 눈먼 자금의 조달로 생각하는 것은 위험하다. 사업이 성공해도 심각한 지분 희석으로 투자자들의 배만 불려주는 경우는 물론이고, 성공 궤도에 오르자마자 의사결정권이 커진 투자자들에 의해 대표이사에서 해임당하는 경우도 많다. 냅스터(Napster)의 션 파커(Sean Parker)와 애플의 스티브 잡스 모두 자신이 창업한 회사에서 쫓겨났었다. 사업을 한번 시작하면 자기 낙관(passion trap)에 걸리기 쉽다. 열정에 가득 차 시야가 좁아지고, 실패의 위험을 과소평가하게 되는 것이다. 성공에 대한 확신이 강한 사람들은 자금이 필요할 때 지분을 주어야 하는 투자는 받지 않고, 연 3~7%대의 이자만 내면 되는 대출성 자금(기술신용보증 등)을 많이 받는다. 회사를 다니지 않고 사업을 시작한다는 것은, 어차피 리스크를 감내하며 높은 레버리지(leverage)를 노리겠다는 것이다. 그렇기 때문에 투자 대신 대출을 선호하는 것 역시 창업의 본질에서 크게 어긋나는 것은 아니다. 하지만, 대표이사 유한책임제가 아닌 우리나라에서는 실패 시 채무를 대표이사가 무한책임지게 되어 있다. 그래서 보통 투자를 받지 못할 경우에 많이 찾는 곳이 기술신용보증이다.

- 투자의 핵심은 네트워크과 어드바이스

투자 유치의 핵심은 리스크헷지, 네트워크 그리고 자원의 확보(자금, 자금을 통한 인력, 시간)다. 필요한 자금을 얻는 것은 기본이고 실패했을 때의 위험도 줄어든다. 이외에 투자자의 네트워크와 건강한 어드바이스를 확보하는 것도 투자 유치의 중요한 이유다. 적은 투자금으로 높은 지분을 주면서까지 동종업계의 유명 인사를 투자자로 유치하는 것도 그가 가지고 있는 사업 경험과 네트워크를 활용하기 위해서다. 투자자의 인적 네트워크와 사업 경험 등을 투자받는 사람 입장에서도 역으로 면밀히 평가해야 한다. 사업이 망하는 이유는 아이디어보다 사람이라고 했다. 여기에는 투자자도 포함된다.

내가 옆에서 본 사례다. 직원 20명으로 연 매출 100억 원을 내던 튼실한 IT 기업이 사업 도약을 위해 2009년에 투자자를 찾아다녔다. 여러 투자자 중에서 인적 네트워크도 훌륭하고 대표이사의 인성도 믿을 만해서 제조업을 하고 있던 회사로부터 투자를 받기로 결정했다. 투자 후 2년도 안 되어 그 회사의 연 매출은 100억 원에서 20억 원으로 대폭 줄어들었다. 제조업 마인드를 가진 투자자가 IT 회사의 컬쳐를 이해하지 못했기 때문이었다. 투자 완료 직후, 직원들의 정장 착용 의무를 공지한 것으로 모든 변화가 시작되었다고 한다. 정도의 차이는 있지만, 투자자는 자신의 돈이 들어간 이상 사업에 관여하려 한다. 그들의 생각이 공동창업자와 다를 경우 대화를 통해 합리적인 해결 방안을 찾는 경우도 있지만, 일단 양자는 계약에 기반하여 누가 더 큰 힘과 권한을 가지며, 또 분쟁 시 누가 더 큰 피해를 보는지를 살펴본 후에 회의 테이블에 앉게 된다. 투자자 때문에 망하는 경우도 많이 있다. 투자의 금액도 중요하지만, 누구로부터 투자를 받았느냐가 더 중요한 이유다.

넷째, 사무실 : 도움을 받되, 빨리 독립하라

얼마 전, 내 강의를 들었던 한 친구가 불쑥 찾아왔다. 2010년 하반기에 쇼핑몰을 창업하였으니 벌써 1년 가까이 사업을 하고 있는 친구였다. 지난 5개월 동안 새롭게 진행된 일이 없다는 것을 확인한 나는, 무기력한 사업 진행을 하나씩 지적해나갔다. 열정적인 사람이 도대체 왜 이 지경까지 손을 놓고 있었냐는 내 물음에 친구는 궁색한 변명을 쏟아냈다. 그중에 '사무실' 이야기가 튀어나왔다. 창업지원센터에 입주하면 월 몇 만 원의 돈으로 훌륭한 사무실을 쓸 수 있다. 입주가 결정되었던 작년 하반기에 녀석을 무척이나 축하해주었었는데, 이제 그 사무실이 무기력의 중요 원인이 되어 있었다. 요는 이렇다. 창업지원센터에 모여 있는 수많은 사람들이 결국은 사업을 어찌 이끌어나가야 할지 모르는 '초짜'들의 집합이라는 것이다. 그래서 쟤들도 저러고 있구나, 저러는 게 당연하구나 하는 하향평준화가 생긴다는 것이다. 값이 싸고, 세제 지원 등의 혜택이 있는 벤처기업 육성소에 들어가는 것은 나쁘지 않다. 다만, 회사를 빨리 키워서 서둘러 나올 생각을 해야 한다.

다섯째, 타이밍 : 왜, 반드시, 지금 해야 하는가?

사업을 준비하며 제일 흔한 것은 아이디어다.
제일 중요한 것은, 역시나 사람이다.
항상 부족한 것은, 물론 돈이다.

그리고 마지막으로 중요한 한 가지.

사업의 성공과 실패를 결정하는 것은 언제나 '타이밍'이다.
너무 빨리 세상에 나와 빛을 보지 못한 서비스들을 떠올려보자. 아이디어와 사람, 그리고 돈이 마련되었다고 해도 이 사업을 왜, 반드시, 지금 이 시기에 해야 하는지에 대한 물음에 답을 찾아보자. 그리고 나서 사업을 시작해도 늦지 않는다. 자신의 답에 모호한 구석이 있다면,

일단 직장에 들어가 경험과 네트워크를 쌓는 것이 좋다. 창업을 포기하는 것이 아니라, 창업을 위한 보다 완벽한 준비를 위한 것이다. 성급할 필요 없다. 기회는 항상 여러 번 온다.

청춘의 의무는 당연 '도전'이다. 규정지어진 것들을 타파하고 새로운 가치를 만들어내야 한다. 도전에 소홀해왔다면, 우린 여전히 돌도끼를 들고 유목생활을 하고 있었을 것이다. 청춘의 제한 시간은 '가슴 뛰는 일을 하는 순간'까지다. 그래서 당신이 청춘이라는 것의 증명은, '어떤 일을 하고 있는가?'라는 질문에 대한 답변에 달려 있다. 가슴 뛰는 일에 대한 도전! 벤처기업에게 척박한 땅이지만, 청춘만이 할 수 있는 일이다. 모든 청춘들의 건승을 빈다!

찾아보기

ㄱ

가격탄력성 ········· 158
감각적 경험 ········· 61
개별 가입자 ········· 223
개인정보 보호 ········· 123
개인정보 침해 ········· 52
개인화 ········· 66
갤럭시S2 ········· 91
건강관리 어플리케이션 ········· 228
건도트라 ········· 142
게시물 삭제 ········· 91
게임 시장의 새로운 유저 ········· 156
게임트릭스 ········· 155
결정 엔진 ········· 43
경제용어사전 ········· 133
공익 마케팅 ········· 98
공익 활동 ········· 96
관계 ········· 51, 77, 84
광고 플랫폼 ········· 45
구글 ········· 18, 21
구글 문서도구 ········· 147
구글 이미지 레이블러 ········· 205
구글 코리아 ········· 146
구글맵 ········· 181
구글의 철학 ········· 55
구매 패턴 집적 ········· 125
구매 활동 ········· 125
구전 마케팅 ········· 71
구전 효과 ········· 81
국자 지식 포털 ········· 182
규모에 따른 어플리케이션 사업 전략 ········· 162
규칙 깨기 ········· 114
그래픽 퍼포먼스 ········· 138
그레고리 번스 ········· 160
그루폰 ········· 19
그룹 M ········· 48
긍정성 ········· 96
기본 데이터 확보 ········· 125
기업 시장 ········· 223
기장청년회파 ········· 120
길트 ········· 19

ㄴ

나이키 ………………………………… 37
넌게이머 …………………………… 155, 157
네이버 ……………………………… 18, 39
네이트온톡 ………………………………… 7
네이티브 어플리케이션 ………………… 135
넥슨 ……………………………………… 158
노이즈 …………………………………… 77
노출 횟수 ………………………………… 59
뉴스피드 ………………………………… 34
닌텐도 …………………………………… 37
닐슨노먼그룹 ……………………………… 72

ㄷ

더블클릭 ………………………………… 42
던전앤파이터 ……………………… 4, 155
데이비드 커크패트릭 …………… 46, 126
도날드 브라이언 칸 ……………………… 49
도시락 ………………………………… 227
두들점프 ……………………………… 157, 159
디마케팅 ………………………………… 80
디바이스 ………………………………… 45
디스티모 ……………………………… 158
디시전 메이커 ………………………… 230
디젤 …………………………………… 74
디지털 자가 출판 …………………… 217

ㄹ

라이프로그 ……………………………… 55

ㄹ (오른쪽 칼럼)

래리 페이지 ……………………… 38, 233
레드오션 ……………………………… 113
레지던트 ……………………………… 167
로날드 웨인 …………………………… 233
롱테일 경제 …………………………… 40
리니지 ………………………………… 155
리복 …………………………………… 37
리트윗 ………………………………… 99
리트윗 마케팅 ……………………… 80, 95
리폼&리퍼블리싱 전략 ……………… 171
리플렛 ………………………………… 83

ㅁ

마이스페이스 ………………………… 182
마이캔디 ……………………………… 175
마이크 메이타스 ……………………… 216
마이크로소프트 …… 21, 98, 197, 210, 233
마이피플 ………………………………… 7
마켓 3.0 ………………………………… 50
마크 주커버그 ……………………… 4, 33
멕시코만 재건 ………………………… 97
멜론 …………………………………… 227
모바일 웹 ……………………… 135, 138, 142
모바일 유저 …………………………… 143
모바일 전용 사이트 ………………… 144
모바일 OS별 트래픽 점유율 ………… 150
모질라페덱 …………………………… 134
민주주의 ……………………………… 64

ㅂ

바다	138
바이럴 마케팅	202
박리다매	207
배너맹	72
백워드 매핑	112
버즈	52
번호이동성 제도	219
브리드	163
브리태니커	206
블로그	39, 50, 74
블리자드	158
블리피	122
비상칭 구조	117
비틀리	27, 37
빌 게이츠	4, 233
빙	21, 43, 98

ㅅ

사무실	242
사업 아이디어	236
사용성	19, 61
사용자 놀이 참여 플랫폼	202
사용자 이탈	141
사용자 추측 노이즈	44
사전 어플리케이션	167
사파리	134, 140
삼성전자	91
삼양라면의 진실	99

서든어택	155
서비스 이탈	215
서울버스 어플리케이션	180
서울시 모바일 공공정보 Open API 서비스	182
선행조건	113
세르게이 브린	38, 233
소셜 댓글	78, 188
소셜게임	167
소셜그래프	60
소셜매거진 어플리케이션	212
수명계산기	130
순환형 과업모델	166
슈퍼볼 축제	96
스마트 시대 정보 접근성의 강화	133
스머프 빌리지	168
스와이플리	122
스타크래프트	155
스타트업	163
스타트업 멤버	233
스터디 마스터	198
스테판 게리 워즈니악	233
스토리텔링	100
스트리트뷰	54
스트리트파이터	167
스티브 잡스	4, 192, 233
스파르타 프로젝트	151
스팸	92
스프린트	223

시즌	90
신뢰	51
신뢰의 이동	50
실리콘밸리	29
실시간 검색 순위	182
실시간 정보 영역	58
심비안	138
싱할	21
싸이월드	8, 32, 120

ㅇ

아동 전문 마켓	177
아마존	4, 125, 217
아이덴티티	126
아이튠즈	61
아이패드2	192
아이폰 3Gs	138
아이폰4	138
안드로이드	138, 197
안드로이드 마켓	174
애드센스	39, 44
애플	4, 61, 196
애플 생태계, 삼성 동물원	200
액정 사이즈	138
액티비전	158
앵그리버즈	157, 176
야후	18
어윈 고클립	48
어플리케이션 마켓	154, 174

에릭 슈미츠	54, 67
에반 윌리엄스	123
엑티브엑스	148
엔씨소프트	158
엘리 파리세	66
엠앤톡	7
연관	51
염동훈	146
오답의 연속적 일치	21
오마앱	175
오페라	134
오픈 소셜몰 사이트	106
온라인 영어 교육 사이트	187
와우	155
와이어드	40
외주 개발	164
웅진 씽크빅	177
워즈니아	4
워크래프트3	155
워터베어소프트	163
원천 콘텐츠	167
웹 추적 시스템	43
웹 통화	23
웹2.0	6, 18, 78, 80
웹브라우저	148
웹상 이동 경로	54
웹상 행동 패턴	30
위메이크프라이스	4
위키피디아	18, 206

윈도우모바일 ······················· 138
유료 게임 어플리케이션 ······· 153
유주완 ································· 180
유튜브 ···················· 34, 90, 188
이북 디바이스 킨들 ············· 200
이북 플랫폼 ························ 217
이찬진 ································ 142
익스플로러 ·························· 140
인사이트 그룹 ····················· 223
인터넷 발생기 ······················· 61

ㅈ

자바스크립트 ······················ 149
재난 마케팅 ·························· 98
재방문율 ···························· 106
전중윤 사장 ·························· 99
전파력 ································· 84
전환 비용 ···················· 196, 228
전환율 ································· 83
정보 블랙홀 ·························· 36
정보 수집 서비스 ················ 212
정보 스트리밍 서비스 ··········· 78
제이콥 닐슨 ·························· 72
제일기획 ······························ 91
제품 생산을 중심으로 한 가격 모델링
 ··· 195
제프 베조스 ···························· 4
주거래 은행 ······················· 228
줌 ····································· 196

중간 전파자 ············ 93, 105, 109
중대기업 ···························· 174
중소 출판사 ······················· 217
중소기업 ···························· 171
지식in ······················ 18, 39, 50, 74

ㅊ

차세대 디지털 북 ················ 216
체류 시간 ···················· 7, 42, 59
충성고객 ················· 48, 62, 229
치킨게임 ································ 5

ㅋ

카카오톡 ············ 4, 7, 53, 60, 139
카페 ······························· 50, 74
캐주얼 음악 소비자 ············· 160
캡콤 ··································· 167
컴투스 ······························· 158
컷더로프 ···························· 157
코카콜라 빌리지 ··················· 84
쿠키 ······························· 42, 50
쿠키값 ································· 44
쿠팡 ······································ 5
크롬 ··························· 140, 148
크리스 앤더슨 ······················ 40
크리스토퍼 메이어 ·············· 197
키워드 밀집도 방식 ·············· 23
킨들 ··································· 222

ㅌ

타깃 ········· 90
타깃 광고 ········· 42, 46
타이밍 ········· 243
타임라인 ········· 93
타임캡슐형 SNS ········· 115
탑코더 ········· 209
탭탭 리벤지 ········· 169
터키커브 ········· 84
테라 ········· 155
투자수익률 ········· 162
트위터 ········· 18, 27, 77, 81, 108, 117, 123
특허정보검색 ········· 133
티켓몬스터 ········· 5, 136

ㅍ

파워블로거 ········· 91
팔로어 ········· 81
편샵 ········· 100
페이스북 이펙트 ········· 46
페이지랭크 ········· 22, 35, 58
펩시 광고 ········· 96
폐쇄성 ········· 32, 121
포스퀘어 ········· 19, 108, 121
포스트잇 ········· 101
폴 앨런 ········· 4, 233
푸쉬 알림 ········· 137
프라이빗 몰 ········· 110
프로토타입 ········· 238

플래시몹 ········· 108
플랫폼 ········· 6, 50, 142, 194
플러그인 ········· 148
플립보드 ········· 212
피터 드러커 ········· 38
피파온라인2 ········· 155
필립 카플란 ········· 124
필립 코틀러 ········· 50
필터 버블 ········· 64

ㅎ

하이네켄 클래식 콘서트 ········· 89
행동 패턴 ········· 36, 45, 72

기타

1~5인 기업 ········· 163
10인 기업 ········· 164
140자의 마술 ········· 117
1세대 통신망 ········· 223
1촌 공개 ········· 120
2세대 통신망 ········· 223
30인 기업 ········· 167
3세대 통신망 ········· 223
3인 공동창업 체제 ········· 235
4세대 통신망 ········· 223
8:2 운영 방식 ········· 165
API ········· 136
AR ········· 137
Aviary ········· 147

B2B	221, 224
B2B 어플리케이션	226
B2C	221
B2C 소셜커머스	225
B2C 쇼핑몰	225
B2C 어플리케이션	226
B2G	221
Bluetooth	222
Cityville.com	151
CTR	40, 44, 47, 72
EA	158
FavMap	183
Goo.gl	29
GPS	136
HTML5	145
iOS	138
iPAD와 iPAD2의 스펙 변화	193
I-Tour	133
KPI	199
Lazyfeed	216
LG생활과학	112
Mash-Up	183
Meebo	147
News.me	216
NHN	4
Open API	180
OPMD	147
PC-Link	222
Preezo	147
Prezi	147
Push POP Press	217
PV/UV	19, 23, 59
Seed Capital	237
Series A	237
SKT	175
Splashup	147
SSO	56, 187
SVG	138
TED	216
Threadless	202
Trackle	216
twumped	183
U남도여행길잡이	133
UI	61
URL	27, 109
UX	203
UX 디자인	215
UX/UI	206, 212
VIP 카드	111
Zite	216

모바일 시대의 기획자를 위한 4가지 사고 전환
인사이트 플래닝

초판 1쇄 인쇄 2011년 8월 10일
초판 1쇄 발행 2011년 8월 17일

지은이 박준호
펴낸이 김선식

Chief Story Creator 변지영
Story Creator 양지숙
Design Creator 김태수
Marketing Creator 이주화

1st Creative Story Dept. 변지영, 신현숙, 양지숙, 이 정, 송은경
Creative Marketing Dept. 모계영, 이주화, 김하늘, 정태준, 신문수
　　　Communication Team 서선행, 박혜원, 김선준, 전아름
　　　Contents Rights Team 이정순, 김미영
Creative Design Dept. 최부돈, 황정민, 김태수, 박효영, 손은숙, 이명애
Creative Management Team 김성자, 김미현, 정연주, 권송이, 김민아, 류형경, 윤이경

외부스태프 본문디자인 김수미

펴낸곳 (주)다산북스
주소 서울시 마포구 서교동 395-27번지
전화 02-702-1724(기획편집) 02-703-1725(마케팅) 02-704-1724(경영지원)
팩스 02-703-2219 **이메일** dasanbooks@hanmail.net
홈페이지 www.dasanbooks.com
출판등록 2005년 12월 23일 제313-2005-00277호

필름 출력 스크린그래픽센터 **종이** 한솔PNS(주) **인쇄·제본** (주)현문

ISBN 978-89-6370-635-1　03320
구매인증번호 11BK08G082

* 책값은 표지 뒤쪽에 있습니다.
* 파본은 구입하신 서점에서 교환해 드립니다.
* 이 책은 저작권법에 의하여 보호를 받는 저작물이므로 무단 전재와 복제를 금합니다.